文化创意与旅游融合发展

汤 慧 著

中国原子能出版社

图书在版编目（CIP）数据

文化创意与旅游融合发展 / 汤慧著.--北京：中
国原子能出版社，2024.9
ISBN 978-7-5221-3430-7

Ⅰ. ①文⋯　Ⅱ. ①汤⋯　Ⅲ. ①旅游业发展–研究–中
国　Ⅳ. ①F592.3

中国国家版本馆 CIP 数据核字（2024）第 111013 号

文化创意与旅游融合发展

出版发行	中国原子能出版社（北京市海淀区阜成路 43 号　100048）
责任编辑	杨　青
责任印制	赵　明
印　　刷	北京金港印刷有限公司
经　　销	全国新华书店
开　　本	787 mm×1092 mm　1/16
印　　张	14
字　　数	208 千字
版　　次	2024 年 9 月第 1 版　2024 年 9 月第 1 次印刷
书　　号	ISBN 978-7-5221-3430-7　　定　价　72.00 元

发行电话：**010-68452845**　　　　　　版权所有　侵权必究

前　言

在产业大融合的背景下，文化创意产业以其强大的精神属性渐趋与其他产业融合，产业之间的跨界融合将能更好地满足人们日益增长的个性化需求。打通文化创意产业的上下游链条，提升企业市场化、产业化、集约化程度，是有效推动我国经济结构调整、产业结构转型升级的必然选择。

本书总共分为六章：第一章的主要内容为文化创意旅游业，具体包括文化创意产业与旅游业、文化创意旅游概述、文化创意旅游发展阶段、文化创意旅游的效应；第二章的主要内容为旅游业与文化创意产业融合发展的创新机制，详细论述了旅游业与文化创意产业融合发展的组织管理创新、旅游业与文化创意产业融合要素创新、游业与文化创意产业融合模式创新、旅游业与文化创意产业融合业态创新；第三章的主要内容为文化创意与旅游要素融合发展，具体介绍了文化创意与餐饮融合发展、文化创意与住宿融合发展、文化创意与交通融合发展、文化创意与景区融合发展、文化创意与购物融合发展；第四章的主要内容为乡村旅游产业与文化创意产业的融合发展，详细阐述了乡村旅游产业与文化创意产业融合发展的理论、乡村旅游产业和文化创意产业的发展模式分析、乡村旅游产业与文化创意产业融合发展策略；第五章的主要内容包括贵州省铜仁市文化创意旅游产业，具体介绍了铜仁市旅游资源概况、铜仁市文化资源、铜仁市文化创意旅游融合发展路径、梵净山山地生态文化创意旅游策划；第六章的主要内容为江南古镇遗产旅游与创意产业的融合，详细论述了文化创意古镇的发展趋势、江南古镇遗产旅游与创意产业的融合路径、江南古镇创意产业与遗产旅游的融合方向。

在撰写本书的过程中，笔者参考了大量的学术文献，得到了诸多专家、学者的帮助，在此表示感谢。本书内容全面，条理清晰，但由于笔者水平有限，书中难免有疏漏之处，希望广大读者及时指正。

目 录

第一章
文化创意旅游业

文化正成为世界各国战略竞争的要地，创意产业也因其"创意无限、价值无限"的特征成为许多国家优先发展的战略产业。本章的主要内容为文化创意旅游业，具体包括文化创意产业与旅游业、文化创意旅游概述、文化创意旅游发展阶段、文化创意旅游的效应。

第一节　文化创意产业与旅游业

文化是人区别于动物的主要标志，是人之所以成为人的象征，文化是人类在历史社会发展过程中所创造的物质财富和精神财富的总和。"所创造的"是指过去式，属于已经形成的，故文化只可以"创意"而不可以创新，因为一旦创新就失去了原有的文化。文化作为一种精神几乎无处不在，但作为一种物质它又是具象的。文化的内涵决定了文化产品既有有形的物质作为载体，又有无形的精神蕴含其中。大众文化是一个特定范畴，它是指兴起于当代都市的、以全球化的现代传媒为介质、大批量生产的当代文化形态。

人类进入农耕文明、工业文明之后，文化产品与服务被大规模、有组织地用来生产和交易，这标志着文化产业的诞生。文化的物质属性和精神属性决定了文化产业具有显著的二重性，即既有文化和精神的属性，也有经济和商业的属性。20世纪40年代，德国法兰克福学派的西奥多·阿多诺（Theodor W.Rdorno）和马克斯·霍克海默（M.Max Horkheimer）认为，"文化产业"是一个人只要有了闲暇时间，就不得不接受文化制造商提供给他的文化产品或服务，而且制造商一旦为消费者提供了服务，就会将消费者图式化。1980年，联合国教科文组织在蒙特利尔召开专家会议，会议提出："文化产业是文化产品和服务在产业和商业流水线上被生产、再生产、储存或者分销。"20世纪90年代，美国将文化产业视为可商品化的信息内容产业，文化元素一旦与现代科技结合形成工业体系，客观上就会产生巨大的社会影响力，并催生一个巨大的新产业。文化产业链包括文化创作业、文化制作与传播业和以文化意义为基础的产业。因此，文化产业是对文化现象的商业化和经济化处理，具有文化传承和文化生产的双重目标，我们甚至可以说，文化产业的主要特征是规模庞大且基于经济考虑而非文化发展考虑，即追求工业化和标准化生产，实现降低成本的目的，以获取更大的经济效益。这与文化创意的公共属性具有内在的矛盾性，工业生产追求标准化和规模化，而文化创意追求个性化和小众化。因此文化产品的工业化和标准化生产不但会扼杀人类的个性与创造力，也会降低文化福利性，提高消费门槛。

由于对文化产业存在不同的理解和定义，世界各国和地区对文化产业的界定也存在较大的差异。美国把文化产业定义为版权产业，英国定义为创意产业，西班牙定义为文化消费产业，与中国相近的日本、韩国等国家定义为文化产业。中国在 2000 年首次提出"文化产业"，并将其列入了国家发展战略。2004 年首次从政府统计的角度对文化及相关产业进行了全面的界定。文化及相关产业是指"为社会公众提供文化、娱乐产品和服务的活动，以及与这些活动有关联的活动的集合"[①]，它既包括广播电视、娱乐节目、出版与音乐等电视广播节目，还包括舞蹈、美术、文学等艺术。2012 年，中国对文化产业的分类和核算进行了修订，将为人民大众提供文化娱乐产品的服务性活动共同标定为文化产业及相关产业。为了规范对文化产业的口径，将文化产业相关的几类列为"文化产业"的范畴，并将其分为文化产业核心层、文化产业外围层和文化产业相关层。

---

① 张文洁. 英国创意产业的发展及启示［J］. 云南社会科学，2005（2）：85-87.

一、文化创意产业

　　英国把广告、建筑、艺术和文物交易、工艺品、工业设计、时装设计、电影、互动休闲软件、表演艺术、出版、电视、广播等 13 个行业认定为创意产业。1986 年，英国经济学家罗默首次提出创意产业。1997 年，时任英国首相布莱尔组织成立了"创意产业特别工作小组"，其目的是提升人的原创力在经济中的贡献度，认为创意产业是源于个人才华、技能和创造力的组织活动，是个人或组织通过知识产权的开发、利用和推广，使这些知识产权活动发挥创造经济效益和提升就业率的效应。另一层面，通过文化知识创新来获取潜在财富，为企业探寻发展的动力，提供更多的就业机会。约翰·霍金斯提出："创意产业是一种生产制造性产品的产业，创造性产品受到知识产权法的保护。"①因此，创意产业是以创新理念、先进技术方法等信息和思维要素为投入，将个人创意与专业技术相结合，通过创意形成知识产权来增加产业链和消费环节的价值，并实现价值的创造与财富的增长。可见创意产业的培育与发展需要从研发者和设计者的角度出发，注重人才的自我创造力和能动性，同时需要配套良好的知识产权保护政策。

　　文化创意产业是物质产品得到极大丰富之后，为满足人们精神与文化的需求，发挥人的智慧、技能和天赋所形成的创造力或运用现代先进技术，对文化资源进行整合、开发和创新，形成文化知识产权，创造出高附加值的文化产品或服务，并对其进行规模化和组织化开发、运营、营销、管理的行业。它是文化产业和创意产业的交集，是文化产业与创意产业融合发展的必然结果。文化创意产业是文化产业的一部分，二者

---

① 刘勇军. 创意产业知识产权风险管理研究综述 [J]. 中原工学院学报，2015. 26（5）：4-7.

相同之处都是通过市场来服务于人民群众，并且具有满足人民精神和物质需求的双重目标，二者不同之处是文化产业是将文化变成商品服务于大众，而文化创意产业不仅是停留在文化的简单商品化，更是文化的创意商品化。可见，文化创意产业更加注重的是用创意来提高商品的附加值，这也是文化创意产业与文化产业最根本的区别。但也有一些国家把文化创意产业直接等同文化产业，认为文化产业中，创意几乎无处不在，文化产业的创意属性不言而明。研究表明，文化创意产业有三个显著特征：一是在产品生产过程中通过添加文化创意元素而形成产品的审美与文化功能，换而言之，创意是文化产业很重要的生产要素；二是产业的产品表现形式是文化产品或精神产品，并以文化知识产权交易而存在，具有可消费性和可交易性；三是产品的创意价值源自人的智慧和天赋以及与之匹配的创新能力，是对文化的再生产和价值再造。

文化创意产业本质上是一种经济形态，是强调人的创造力、文化艺术和科学技术对经济发展起到核心支撑作用的一种产业形态。文化创意产业已成为各国经济发展的重要增长动力之一，并成为知识经济时代下的新兴产业。在各国政府的主导下，文化创意产业进入快速发展时期，显现出强劲的增长趋势。英国通过发展创意产业实现了经济从制造型向创意服务型的转变，并对其经济的可持续发展产生了重大而深远的影响。中国在《国家"十一五"时期的文化发展纲要》中提出"文化创意产业"这一概念，2009年出台了《文化产业振兴规划》，提出"要大力培育市场主体，加快转变文化产业发展方式，进一步解放和发展文化生产力，将文化产业培育成国民经济新的增长点"。2015年的《政府工作报告》中提出"要大力发展旅游、健康、养老、创意设计等生活和生产服务业"。中国的主要一线城市均非常重视文化创意产业的发展，文化创意产业是实现城市文化转型的重要助力（见表1-1-1）。

表 1-1-1　中国文化创意产业分布地情况

城市	创意产业形式
上海	上海已经建成 50 个创意产业园区，目标是与东京、伦敦、纽约一起，成为"国际创意产业中心"
北京	北京市文化创意产业发展势头迅猛，并形成了以 30 个市级集聚区为载体、带动区县集聚区发展的文化创意产业空间发展模式
广州	广州有 24 个创意产业园，并建设 6 个产业创意中心，建设"创意越秀"，"创意广州"
深圳	深圳的文化产业投入产出比位居全国之首，深圳的创意产业包括动漫、建筑、印刷、服装等
杭州	杭州创意产业的标志是该市最大的设计联盟——LOFT49。这片云河边近万平方米的旧厂房汇聚了 17 家艺术机构
东莞	东莞形成了以印刷业为支柱，以演艺娱乐、大众传媒、文化旅游、出版发行和艺术教育培训为主干的文化产业体系
苏州	苏州是上海创意工厂的落脚地
南京	南京是全国文化创意产业园发展最快、数量最多的省会城市
西安	西安形成了围绕唐延路的文化创意产业带，聚集了一批国内外知名创意企业。唐延路是西安文化创意产业发展的聚集地
宁波	宁波形成了影视制作、动漫设计和表演、工业设计、建筑设计、工艺美术等一批文化创意产业集群

二、旅游产业

19 世纪，托马斯·库克组织团体包车出游，标志着旅游产业的诞生。历经百年的发展，旅游产业已经成为全球规模最大的产业。世界旅游组织预测，2030 年全球出境游客将达到 18 亿。旅游产业是以旅游资源为基础、以旅游设施为条件，向旅游者提供旅行游览服务的行业，其有狭义和广义之分。狭义的旅游产业指与旅游活动直接相关的六要素产业，主要指旅行社、旅游饭店、旅游交通、旅游娱乐及专门从事旅游商品买卖的旅游商业等行业。广义的旅游业，除专门从事旅游核心业务的部门以外，还包括与旅游相关的各行各业，现在也称之为全域旅游产业。它是与旅游活动中相关联的所有产业的集合，更多地表现为一种产业生态群落，甚至是一个经济体系。广义旅游业表现为产业综合性强、关联度高、拉动作用突出，能够很好地把物质生活消费和文化生活消费有机地结合起来。据不完全统计，与旅游相关的民航、铁路、公路、商业、食宿、国际金融、仓储物流、信息咨询、文化创意、影视娱乐、会展博览等行业或部门已超过128个，其中，旅游消费对住宿业的贡献率超过90%，对民航和铁路客运业贡献率超过 80%，对餐饮业和商品零售业的贡献率超过 40%，对文化娱乐业的贡献率超过50%。

中国是世界上旅游资源最丰富的国家之一，资源种类繁多，类型多样。改革开放以来，中国旅游业经历了起步、成长、拓展和全域化四个阶段，实现了从旅游短缺型国家到旅游大国的历史性跨越。中国旅游业全面融入国家战略体系，成为国民经济战略性支柱产业。国内旅游、入境旅游、出境旅游全面繁荣发展，中国已成为世界最大的旅游市场、世界第一大国际旅游消费国、世界第四大旅游目的地国家。旅游已经成为人民群众日常生活的重要组成部分，这标志着中国旅游业进入大众旅游时代。

文化旅游产业是文化产业与旅游产业的交集，是文化产业与旅游产业融合发展的必然结果。文化与旅游有着天然的紧密联系，文化与精神需求是旅游的重要动因之一，旅游本质上是文化或精神的体验和享受。客观上，只有具有文化内涵的旅游产品，才具有持久的吸引力、感召力和生命力。我国文化和旅游部成立之后，把文化与旅游的关系定位为"能融则融，宜融尽融；以文塑旅，以旅彰文"。文化旅游泛指以鉴赏传统文化、追寻文化名人、游历文化遗迹或参加文化活动为目的的旅游。文化旅游具有文化属性、教育属性、体验属性、审美属性和创意属性。文化旅游在时间维度上可分为历史文化旅游和现代文化旅游；在内容维度上可分为古迹游览旅游、民俗体验旅游、宗教文化旅游、建筑文化旅游、饮食文化旅游等。文化旅游动机是明确的求知或审美诉求，在旅游的过程中能够感受目的地生活或进行知识学习，从而获取文化熏陶甚至是文化教育。如汉诗旅游、书法学习旅游、围棋交流旅游、历史探秘旅游、名人足迹寻访旅游、民族风俗旅游等。另一方面，文化旅游过程中将伴随着文化的碰撞冲突、互动交流与融合生长，并推动着旅游新文化的形成，这是现代文化的主流文化形态之一。总之，文化旅游以其丰富的形态、深刻的内涵而表现出特殊的文化魅力，文化旅游产业则是依托人文旅游资源生产旅游产品的相关企业的集合。文化旅游产业的形成是以文化消费的需求为前提，并因其文化附加值高、关联性高、带动性强而成为旅游产业中最具活力的一部分。

创意旅游是创意产业与旅游产业的交集，是两者融合发展的必然结果。1993 年，皮尔斯（Pearce）和巴特勒（Butler）首次提出"创意旅游"这一概念，并将之作为旅游的一种内在产品形式。瑞查德（Richards）和罗曼德（Raymond）认为，创意旅游是指旅游者通过参加互动性工作坊（Interactive Workshop）与当地居民密切接触，在旅游过程中学习旅游目的地国家或社区的某种文化或技巧，体验旅游目的地的文化氛围 [1]。联合国教科文组织将创意旅游定义为一种趋于参与性、真实性体验的旅行活动，通过参与和学习传统艺术、技艺、文字和语言等地方特色文化，与目的地居民建立联系，并在这个过程中参与传承和创造地方活态文化。从创意旅游的内涵来看，其不同于其他旅游形式的显著特点主要表现在两个层面：一是创意旅游具有个体创意思维训练功能。理论上每个人都天生具有创造性思维，都有获取创意性体验的能力和机会，但大部分卓越才能是后天形成的，即便是创造性天才也不能脱离日常学习。创意能力可以从教育中获取，所以创意与学习之间存在着一定的关联性。瑞查

---

[1] SCHWARTZ SH. Universals in the Content and Structure of Values:Theoretical Advances and Empirical tests in 20 Countries [J]. advances in Experimental Social Psychology,1992,25(2):1-65.

德和威尔逊认为，创意旅游是利用当地技能、专长和传统为旅游者提供学习、自我发展和自我改造的经历（见表 1-1-2）。在创意体验中，真实性不完全依靠外部的参照物或体验场景，而是取决于旅游者的想象力和技能精进的潜力[①]。二是创意旅游具有创意生活场景的功能。创意能力需要在生活中逐步培育和发展，创意旅游为个体与社会环境的协调、为创意与潜质的提升创造生活场景条件。瑞查德指出，创意旅游中企业相关人员必须明确其活动内容并与其区域特征相吻合，因而创意的场景已从个别特定区域转到广阔的社会环境[②]。色贝昂嘎等认为，生态环境与文化环境的协调、人与环境和谐成为激发旅游者创意潜能的重要场景[③]。由此可见，创意旅游为旅游者提供了一个主动参与实践和学习体验的机会与场景，通过旅游者的积极参与学习以及场景教化，激发旅游者自身创造潜力，促进旅游者自身发展和目的地的文化发展。从创意旅游的外延来看，创意旅游主要有三种参与方式：一是旅游者直接独立参与创意生产；二是旅游者超越观光层面，进行有价值的创意互动，共同开发分享创造潜能，提高相关的技能和增强创造力，并提升幸福感；三是指旅游者参与诸如建筑、电影、时尚、设计等创意产业观光或体验旅游。以上三个层面，旅游者参与创意生产的程度由高到低。创意旅游产业在国外已经引起了学界和业界的关注。新西兰于 2003 年发起了全国性组织"创意旅游新西兰"；联合国教科文组织于 2004 年建立了创意城市网络，并于 2008 年 9 月举办了关于创意旅游的主题会议。在实践中也有许多企业选择并发展了创意旅游业务，比如，迪士尼公司依靠米老鼠、唐老鸭、白雪公主、灰姑娘、美人鱼等童话故事创建了迪士尼主题乐园。

---

① 崔国，褚劲风，王倩倩，等. 国外创意旅游内涵研究［J］. 人文地理，2011，26（6）：24.

② ALVAREZMD, SALMAND, UYGUR D. Creative tourism and emotional labor: an investigatory of possible interactions ［J］. International Journal of Culture Tourism&Hospitality Research，2010，4（3）：186-197.

③ 白凯，原勃. 扎根理论下的印象实例分析［J］. 陕西行政学院学报，2009，23（1）：15-20.

表 1-1-2 创意旅游内涵与特征分析

	活动参与	自我/技能发展	学习经验（体验）	生产方	旅游者	文化资源	创意/创造性
瑞查德、罗曼德（2000 年）	√	√	√				√
瑞查德（2005 年）		√		√			
瑞查德、威尔逊（2006 年）	√	√	√		√		
城市创意网络	√		√		√	√	
新西兰旅游局	√		√		√		√

第二节　文化创意旅游概述

文化创意旅游的诞生是因为旅游产品差异化发展中需要创新思维和创意因素的融入来塑造产品特色，也是为了满足现代人对精神文化生活的多元化和品质化需求。中国旅游业早期主要依赖以资源驱动为特征的景点观光旅游模式，但随着大众旅游和全域旅游新时代的到来，标准化的大众观光旅游供给与个性体验需求和高品质旅游之间的矛盾日益凸显，传统旅游产业的发展进入困境。文化创意旅游就是旅游产业转型升级的内在要求，它从根本上打破传统景点旅游思维的束缚，以文化创意改造和增值传统景点旅游为导向，不仅能为旅游业拓展出更广阔的发展空间，也能够促进其活动、产品动态性和体验性的增长，是实现中国旅游业优质发展和可持续发展的重要途径。

一、文化创意旅游的内涵

文化创意旅游源自并归属于创意旅游产业，文化创意是创意的核心领域，因此一些学者并不刻意区别创意旅游与文化创意旅游，有时会将文化创意旅游等同于创意旅游。在实践中，文化、创意与旅游也很难区分，往往交织在一起。英国创意产业工作小组认为文化遗产、旅游和博物馆行业与创意产业关系密切；韩国把文化创意、观光事务等合并成立为"文化观光部"，但比较而言，文化创意旅游更加强调创意旅游中的文化因素。瑞查德认为，创意旅游包含旅游者的自我发展，是文化旅游的延伸和文化旅游对旅游者的反作用力[①]。中国学者在创意产业研究的基础上对文化创意旅游加以专门探讨，认为文化创意旅游产业是将文化元素融入传统旅游业的开发当中，运用人的智慧和技能，通过科技与艺术这两大手段，对旅游和文化资源进行重构、融合、创造和提升后，再与其他产业整合，生产制作和营销具有文化艺术元素的高附加值旅游产品与服务的旅游企业群。另外，还有学者把文化创意旅游产业定义为：蕴含人为创造因素的生活文化创意产业，其中文化是一种生活形态，产业是一种生产销售平台，两者通过创意融汇实现文化生活产业化和创意价值的传递（见表 1-2-1）。

表 1-2-1　国内外部分学者对文化创意旅游的界定

学者	年份	概念
瑞查德、罗曼德	2000	首次提出文化创意旅游的概念，认为创意旅游是文化旅游的延伸或者反作用力，并提出互动性的重要性和不可替代性
瑞查德	2006	强调旅游者学习文化并激发创意潜能，体验目的地文化氛围
周钧、冯学钢	2008	创意旅游以文化为本位，以创意为基准，具有高品位、高流动性及双向性和高附加值，并强调旅游者与目的地的共同协作
王慧敏	2010	文化创意旅游以文化为核心，以创意为手段，以技术为支撑，以市场为导向，促进城市和区域经济的文化创意化转型
袁锦贵	2015	文化创意是创意、价值及产业集成的产业链，其价值链以创意为核心形成"树"型微笑曲线图

---

① E. Creativityin tourism experiences: The case of Sitges ［A］//RICHARDSG, WILSON J. Tourism, Creativity and Development. London: Rountledge, 2007: 125-144.

　　文化创意旅游就是文化资源通过创意开发之后成为旅游产品所引致的旅游活动与现象。从产业融合的视角来看，文化创意旅游业是文化产业、创意产业和旅游产业的交集，它是旅游创意阶层、创意旅游体验、文化产业、创意产业和旅游产业等多主体、多业态融合发展的结果。三种产业业态及其生产要素的融合是通过各自产业价值细分，识别价值并比较价值优势，借助文化创意者的智慧和新的技术力量，以产业之间价值链互补或延伸的方式，融入彼此的传统产业领域，并对三大产业价值活动进行优化重组、整合与创新，最终孵化出涵盖三大产业核心价值的新产业价值链。因此，文化创意与旅游业的互动本质是文化和创意对旅游业价值链进行的互补渗透、辐射延伸和融合孵化，形成新的产业价值（见表 1-2-2）。

表 1-2-2　文化创意旅游与传统旅游比较

比较内容		传统旅游	文化创意旅游
产业角度	产业资源	以自然文化等有形资源为主	有形与无形文化资源为主
	产业竞争	价格竞争	创意竞争
	产业目标	经济效益为主	经济、社会、文化综合效益
	产业导向	资源和市场导向并存	市场导向
	旅游市场	大众化：团队为主	个性化：散客为主
旅游者角度	旅游动机	观光、休闲、娱乐	文化体验、自我提升
	旅游方式	比较被动，互动少	强调参与体验：互动多
	旅游体验	很少产生共鸣	深度体验，精神愉悦
	旅游方式	逗留时间短、重游率低	逗留时间长、重游率高

二、文化创意旅游的特征

（一）文化创意旅游生产特征

　　供给短缺时代市场的主要规律是需求决定供给，而在供给充裕甚至过剩时代，市场的规律也表现为激发供给或引导新的消费需求。这在文化与创意领域表现得更为明显，这主要是因为文化创意旅游生产具有以下特征。

1. 文化符号性

文化创意旅游的核心为文化创意，其本质是创造一种文化符号，然后传播并消费这种文化符号。这导致了文化与创意产业中的文化产品或服务的文化符号性较强，具有很强的无形性和非物质性。因此，文化及创意产业产品及服务的消费行为总体上是精神消费而非物质消费，交易和消费对物质载体依赖较弱，消费弹性高，这就需要把内在的文化形态符号化和物化来激发旅游者的消费欲望。

2. 文化创意旅游交易以版权交易为核心

文化创意旅游产品外部形态虽然表现各异，但支撑产品的最终会是内在的文化知识产权，文化知识产权的表现形式是内容载体与版权。因此，文化创意旅游产业的交易是基于版权交易，但消费者没有必要了解产品或服务中内在的版权，这就需要通过版权的产品化来激发旅游者的消费欲望。

3. 文化价值影响文化创意旅游产品价格

在文化创意旅游产业中，其产品或服务除了使用价值之外，更具有文化价值和精神价值，文化价值是决定文化创意旅游产品市场价格的关键因素，并且以文化品牌的形式表现出来。文化创意旅游产品除了文化本身的价值之外，其价值的实现还取决于旅游者的文化解码能力。旅游者对于文化旅游创意产品的文化解码能力取决于旅游者个人素养。当然，好的文化创意旅游产品本身能够降低消费门槛，甚至具有学习、教育和教化的功能，从而引导消费需求。

（二）文化创意旅游产品特征

文化创意旅游生产的特殊性决定了其所生产出来的文化创意旅游产品具有有别于传统旅游产品的特征。

1. 主题创意性

文化创意旅游产品往往会围绕一定的主题来进行创意生产，因此首先需要对其产品进行主题定位，并通过创意旅游活动与创意服务凸显产品的文化主题，最终传递给旅游者的也是一种主题化的创意体验经历。

2. 文化艺术性

艺术是文化的精华，又被称为纯文化，被置于文化金字塔的顶端部分。艺术能够更深刻地反映文化创意旅游中文化的真谛与精华。一般来说，文化创意旅游需要通过艺术化的方式或手段来反映某种主题文化的精粹，而且能够让普通旅游者易于消费与传播。比如，河南省修武县在全域旅游发展中采用了"全域美学"的理念，让艺术美无处不在，伴随旅游全程，让旅游者全程审美。

3. 主动参与性

文化创意旅游体验可分为静态与动态，无论是静态的还是动态的，都会引发人们主动体验的积极性，而且，这种体验必须是主动参与的旅游者才能完成。这种体验又可分为自我体验和共同体验，不同的旅游者有不同的偏好，有的旅游者偏好共同体验，而有的旅游者偏好纯粹的自我体验。共同体验往往也会引发各自不同的自我体验，即便旅游者共同参与同一个创意活动，但不同的个体也将拥有自己的独特体验。共同体验是由众多旅游者参与，因此这种体验会具有基本的共性感受。

4. 知识教育性

文化创意旅游是一种浓缩并集中展现知识、智慧和技术的旅游形式。文化创意旅游不仅仅是知识和文化的简单传播，更是旅游者主动而非强制性的教育学习活动。它寓教于乐，寓教于游，潜移默化地引导和启发旅游者的创意教育活动。

三、文化创意旅游实现形式

文化创意与旅游在主题、内容、形式、载体、服务、运营平台、衍生品、显示硬件等层面都可以实现全产业链深入互动融合发展，但也并非所有的文化都可以作为旅游资源来开发，这取决于文化的具体形态。文化的内在构成可以分为三种形态：一是显性文化，包括建筑、交通工具、生产工具、服饰、饮食、歌舞等；二是隐性文化，如制度文化、各伦理观念、价值观念、审美观念等；三是显性与隐性的混合型文化形态，如宗教信仰、风俗习惯、家庭婚姻、人生礼仪、节庆节日、民间艺术等。从旅游开发的角度看，其中具有开发价值的文化旅游资源往往是那些显性文化和混合性文化，而隐性文化通常情况下难以被外来旅游者所感知、理解和接受，因而难以被当作旅游资源进行开发，在实践中往往通过文化创意等手段将隐性文化显性化。

（一）文化创意旅游互动生长模式

文化创意旅游互动生长有两个基本模式：一是旅游的文化创意化，其本质是为旅游塑造文化的内核，为旅游产品注入显性或隐性文化的内涵，是旅游产品升级换代的主要途径之一；二是文化创意的旅游化，其本质是把隐性文化显性化后，通过旅游来进行传播与消费。旅游的文化创意化包括对旅游产品附加文化创意价值和设计全新文化创意旅游产品两种类型。比如，故宫的文化创意商品是对既有的旅游商品进行文化创意加工，而故宫夜景秀则是一种全新的文化创意旅游产品。文化创意的旅游化是指文化创意产业或活动产生的产品、空间、社区等附加了旅游功能而成为新的旅游吸引物，这既增加了旅游的对象和范围，又扩展了旅游体验的方式和内容，是典型的全域旅游产品或业态。一种方式是简单地将创意产品作为旅游吸引物，如北京的 798、成都的艺库等；另一种方式是创意活动所营造出的一个异质的体验空间，或一种别样的生活方式，如艺术家村落。此外，从旅游目的地的角度来讲，伦敦等"创意城市"也是一种别样生活方式的构建和输出。总之，文化创意旅游互动生长的本质是一种文化的旅游化和创意化生产与消费的过程。

（二）文化创意旅游融合发展方式

文化创意旅游融合发展主要有三种方式：第一，文化创意对旅游要素的全产业链融合和增强，提高旅游业吃、住、行、游、购、娱各个接待服务环节中的文化含量和创意水平，增强要素的旅游吸引力，同时为旅游者带来创意感和惊喜体验，这是文化对旅游的微创意和精加工，其产出主要是文化创意旅游产品。第二，旅游目的地公共空间中的文化创意，营造旅游公共艺术空间，把文化创意表达在天地之间、山水之间和城乡之间，是文化创意在旅游业中的宏大叙事，是一种天地艺术、山水艺术和大尺度风貌艺术，其产出主要是文化创意旅游空间环境，对营造全域旅游文化环境来说具有重要的作用。第三，文化创意作为独立的吸引物，有着独立的文化创意旅游产品、企业、园区等，与旅游业高度融合创新能够形成一种新的文化创意旅游业，是文化创意旅游产业融合发展的最高形态。这三种方式从产品融合、环境融合到产业融合，展示了文化创意与旅游的动与融合，并在旅游文化创意产业基础上衍生出旅游演艺、主题公园、艺术街区、文化创意产业园等新兴旅游业态。

第三节　文化创意旅游发展阶段

文化创意产业与旅游业具有良好的兼容性，两者的融合发展可以促进一个国家或地区旅游业文化品位软实力的大幅提升。按照文化创意的手段与技术运用的复杂程度，中国的文化创意旅游可以划分为三个阶段。

一、伴生型萌芽发展阶段

文化创意旅游产业始于 20 世纪 90 年代，其标志性的事件是 1985 年华侨城的成立。早期文化创意旅游主要附着在创意产业、文化产业、旅游产业等关联产业之上，是这些产业的边缘业务部分，但并未形成独立的发展领域，此时的文化创意旅游产业尚处于萌芽阶段。在这一阶段，文化创意旅游主要表现为艺术街区、主题公园等静态展示的旅游产品，最典型的代表是河北正定县的荣国府、无锡的西游记宫及北京的大观园。此外，民族地区小型化的民俗活动、歌舞伴餐、节庆活动等成为观光旅游时代的一抹亮丽色彩。在这一发展阶段中，文化创意旅游的表现形式主要集中在文化资源的静态展示，缺少大型的、专业化的与文化旅游相关的文艺表演活动，节庆活动内容单调。文化创意旅游没有明确的投入机制和渠道，既有的文化创意旅游业态主要是依靠政府投入、补贴来推动产业的发展，这种发展方式使文化创意旅游产业缺乏发展动力。

二、文化创意旅游阶段

随着创意产业、文化创意产业的迅速崛起，文化、旅游、创意三个产业开始融合成为独立的文化创意旅游产业，并获得了迅速发展。2001

年，来自全国各地的艺术家开始集聚798厂，有近200家文化艺术机构进入此区域，并由此吸引了大量的旅游者，形成了初始阶段的文化创意旅游业态，旅游者只是欣赏艺术家们的文化创意产品或创意过程，但其本身并不参与文化创意过程。这一阶段，中国创意园区快速发展，也成为文化创意旅游的重要内容和对象。2003年大型桂林山水实景演出《印象·刘三姐》试演，标志着文化创意旅游获得了独立的发展地位。这是一种中国原创的表演形式和旅游项目类型，它丰富和改变了中国旅游的内容，开创了一种新的文化旅游体验模式和的艺术形式。随后，浙江的《印象·西湖》、云南的《印象丽江》、海南的《印象海南岛》、福建的《印象·大红袍》等相继出现。以"印象系列"为代表的旅游演艺项目，是文化创意与旅游相结合的一种典型模式。相比西方主题公园中常见的表演项目，中国的此类产品已有显著的创新和发展，并且开始向国外输出。这是中国旅游为世界旅游作出的一项卓越贡献，创造了一个中国旅游品牌，也是中国旅游进入文化创意旅游时代的一个标志。在市场需求的拉动、国家政策的支持和资本的驱动下，中国的文化演艺行业已经成为文化产业的重要板块，发展势如破竹，中国文化旅游演艺的版图覆盖全国，山水实景演出已有60多台，且每年还在以10%的速度增长。旅游演艺项目平均投资额由2 700万元增长到3亿元以上的，在2007年前仅占21.4%，2007年以后上升到70.2%。2007年举办以"北京旅游，创意无限"为主题的第二届中国北京国际文化创意产业博览会。2008年在北京召开中国旅游产业文化创意推介会，国家4万亿元投资计划中将有1 000亿元分配给文化旅游创意产业[①]。此后，北京、广州、深圳等先进城市在财税政策、投融资政策及土地政策等层面均对文化创意旅游产业有较大的倾斜和扶持力度。但总体上，文化创意产业与旅游产业融合的投融资渠道的疏通和搭建缺乏执行力度。在这个阶段中，文化创意旅游也出

---

① 廖子荣. 文旅企业轻资产模式下财务战略研究［D］. 成都：西南财经大学，2022.

现了文化创意旅游产品、文化创意旅游接待设施、创意景观、文化创意旅游活动、文化创意旅游社区等基本模式，还出现了文化创意产业集聚区等集聚化文化创意旅游业态。

三、文化与科技创意旅游阶段

旅游产品具有异质性、无形性、易逝性和国际性等独特属性，而这些特性使旅游业比其他行业更加依赖信息技术。文化创意旅游产业的发展不仅停留在文化创意领域，还需要科技创意等新型创意手段，可以说科技打开了文化创意的另一扇大门。"十三五"时期，为应对互联网技术应用下创意产业发展的新趋势，文化旅游创意产业已经成为当前乃至未来政策布局的重要领域。2014年《参与推进文化创意和设计服务与相关产业融合发展的若干意见》颁布，明确了文化创意和设计服务与信息业、旅游业融合发展的重点任务。2017年《关于进一步扩大和升级信息消费持续释放内需潜力的指导意见》颁布，文化创意旅游也成为数字创意产业重要关注的领域。在实践中，以计算机技术和现代通信技术为主要内容的信息技术与旅游业的流动性特征具有内在一致性，它极好地满足了旅游业的发展需求，加快了旅游业务流程的重组、再造与升级。互联技术、物联网技术、VR技术等现代数字技术的诞生，使得文化创意旅游进入了以数字化为特征的文化科技创意时代。文化创意旅游产业领域的数字化现象十分突出，数字化技术被广泛运用，数字旅游产品的创造以及数字化技术的品牌传播已经成为文化创意旅游产业发展的普遍手段。最典型的便是主题公园，它们充分运用现代声学技术、光学技术、人体工程技术等，通过"无中生有"的创意手法，成为当代最主流的旅游产品，还有新兴的夜游产品，也开始风靡全国。研究表明，信息技术的广泛应用成为创造旅游需求与创新旅游供给的持续动力。文化旅游浪潮与新技术浪潮的结合把文化创意旅游推入了文化与科技创意旅游阶段。文科创意旅游阶段主要是文化、科技、旅游、创意四个产业的融合，创意手段不仅仅依赖于文化创意，而是更多地依赖于科技创意，以及四者的融合型创意。但这一阶段，文化创意旅游对高新技术利用率总体还偏低，在产业融合的顶层设计、公共服务平台构建、市场主体培育、保障体系建设等层面仍面临严峻挑战，主要体现在高新技术的应用效果不是十分理想：一是前期开发生产过程中所运用的高新技术并没有在后期产品中得以充分的体现和展示，或者生产与使用成本很高，难以量产；二是高新技术含量过高的产品，形式重于内容，观赏度高于实用度，需要进一步深化发展。因此，大量的文化与科技创意旅游产品由于高新技术利用率低，并没有完全满足消费者的精神文化需求，反而还削弱了文化创意旅游消费的可持续性，甚至使其丧失了基本的自我发展能力。

第四节　文化创意旅游的效应

文化创意旅游产业中所涉及的文化、创意、旅游三大产业彼此之间既具有良好的内部互动融合效应，也具有巨大的外部综合带动效应。

一、内部互动融合效应

（一）文化创意对旅游的效应

1. 文化创意塑造旅游的差异性

旅游的本质是制造差异性，形成流动性消费。目的地文化体现着独具特色的内在精神，有力地塑造着目的地的文化个性和品格，形成文化无形资产和文化品牌，成为吸引旅游者前来旅游和反复消费的主要原因，没有文化内涵的地方难以成为热门而持久的旅游目的地，这也能够很好地解释大理、丽江、乌镇能够成为"长青"旅游目的地的原因：其文化内涵以及持续的文化创意与发展。同样，没有基于文化差异的文化创意旅游产品是难以有持久的吸引力和竞争力的，最终只能导致产品的同质化。当前，随着旅游发展的成熟，旅游目的地和旅游产品的基本外部形态结构将日益趋同，唯有植根于每个地方的、具有差异性的地域文化和人文环境，才能深刻表达这种难以复制与改变的地域文化个性和特色，才能在市场中被旅游者识别，塑造独特卖点。而文化创意是挖掘独特地域文化个性与特色的最佳工具，帮助旅游地构建独特的地域文化符号体系与标识，形成全域旅游文化氛围。因此，文化创意不仅能够突破有形资源的硬约束，还能树立产品或目的地的特色文化品牌，提高旅游产业的软实力，为旅游发展注入持续的动力。

2. 文化创意提升旅游精神文化价值

在现代旅游产业中，文化创意可以带来价值的增值。从旅游消费者的角度看，旅游产品使用价值可以进一步划分为物质使用价值和精神文化使用价值两部分。物质使用价值是消费者为满足其基本物质功能需要而愿意支付的价格部分，是商品的物质基础。精神文化价值是旅游产品中蕴含的、满足人民群众的精神文化需求的无形附加物，如旅游品位、旅游意境、旅游风尚、旅游情怀等。旅游产品的精神文化价值是主观的，可以体会和感受的无形附加物，因文化创意渗透而生，是附加的文化观念。比如，逛完故宫，买一本《故宫台历》，也就带走了一段段历史故事、文物传奇。因此，通过文化创意挖掘文化内涵，彰显文化品位，弘扬文化个性，可以提高旅游产品的精神文化含量，满足人们精神文化的需求，提升旅游消费的文化内涵和文化品位。

3. 文化创意驱动旅游可持续发展

从产业内部来看，文化创意可以提高旅游产品中文化的含量，推动旅游产品升级换代，而文化创意本质上也是一种文化消费，这有助于推动旅游消费方式的转变和消费内容的转变以及消费结构的优化。从产业外部来看，旅游比任何行业都更依赖自然和人文环境。文化创意有助于更好地调整人与自然的关系，促进自然和文化资源的永续利用。一方面，文化创意消费能够增加新的文化消费内容，直接减少人们对自然资源的过度使用与依赖，从而减少旅游对自然环境的利用与开发压力；另一方面，通过文化创意让旅游者更深刻、更主动地领会人类社会内在的可持续理念，传播并帮助人们树立正确的生态观念、历史观念、文化观念、价值观念等，从而推动旅游业乃至引领整个社会的可持续发展。

（二）旅游对文化创意产业的效应

1. 旅游推动文化创意体制改革

高度市场化、国际化的旅游业与公益性的文化创意产业融合发展，这有助于把旅游中市场化的机制和力量引入文化领域，从而突破中国传统的文化事业观念和文化体制机制中固有的瓶颈，推进文化体制与机制的改革与创新，释放文化体制与机制活力。

2. 旅游推动文化创意的产业化

文化产业化的本质就是文化和产业高度融合，推动文化走向市场的过程。在发达国家，文化产业已成为国民经济的支柱产业，文化领域的市场化程度较高，比如，美国文化产业的增加值已占 GDP 总量的18%～25%，美国国内每 100 家最富有的企业中就有 18 家是文化类企业。旅游能够推动文化创意产业化，它以旅游产品和旅游服务的形式来凝聚和承载文化创意价值，为旅游者提供丰富多彩的文化创意产品和文化创意服务，极大地拓展了文化创意的应用领域。通过旅游可以发现和实现文化创意的价值，并以旅游消费的形式来传播精神文化价值。旅游是一种典型的流量经济，能够为文化创意产业带来巨大的客流量，从而扩大文化创意产业产品的市场，提高文化创意产业的生存与发展能力。

3. 旅游培育创新型社会新文化

文化创意旅游强调对文化资源这种无形资源的开发与利用。这种对文化资源的旅游开发和深层次的创意挖掘利用，将给文化的发展注入新的内涵和活力，增强文化的自我发展能力。这不仅有利于先进文化在旅游者群体中的传播，也必将引领当代社会新文化的发展方向。此外，在将文化创意融入现代旅游产业的发展过程中，将形成新的社会理念、新的社会模式和新的社会制度，从而形成有利于文化创意产业发展的创新文化，也会形成新的社会行为习惯、新的社会习俗和新的社会价值观，将为社会贡献新的文化形态，比如，过年旅游已经成为新民俗。这是大规模旅游出现之前不曾有过的现象，因此旅游对文化创意的发展乃至整个社会文化的发展发挥着前所未有的作用。

二、外部综合带动效应

文化创意旅游作为文化、创意与旅游业融合发展的新业态，具备这三个产业原有的产业属性，但同时也不同于原有的产业。它具有独立存在与发展的价值与地位，表现出新的发展规律，其中产业外部综合带动效应非常显著。

（一）提升传统产业附加值

文化创意旅游不仅融入城市建设的各项环节，如城市文化生活，而且能够直接融入各大产业部门，生成新的文化创意旅游产品与业态。如工业创意旅游、创意农业旅游、节庆创意旅游、科技创意旅游等，都是文化创意旅游与相关产业融合的产物。这种产业融合创新与孵化，能够丰富传统产品类型，提高传统产业中文化创意旅游的占比，优化传统产品和产业的结构，并拓展传统产业的发展空间，提高传统产业的附加值，相同类似功能的商品与其价额相差百倍。如以汽车为主题的文化创意旅游产品，包括汽车文化主题公园、汽车博物馆、轮胎餐厅、汽车影院、自驾车营地创意等，将促进汽车产业与文化创意旅游的专业服务市场对接与联动，加快传统汽车产业的转型升级。可见，文化创意旅游与其他产业的融合产业链一旦形成，就能打破相关产业在生产时间和消费空间上的分割，将不同时空上的产业链和产品链"焊接"起来，实现同步联动和价值叠加，为传统产业的发展提供新的发展方向，从而提升传统产业的附加值，推动传统产业可持续发展。

（二）推动产业一体化发展

完整的产业体系既包括产业本身，也包括关联产业，是一个由产业及其关联产业所组成的产业生态系统。文化创意旅游产业链条包括上游的研究设计开发、中游的生产加工制造、下游的市场营销推广及衍生产品体系的开发。文化创意旅游产业一体化包括两种方式：一是与相关产业通过空间或平台的共享，实现文化创意旅游产业横向一体化，拓宽产业空间和产业链，实现产业的功能叠加和空间集聚，形成综合产业体系，发挥产业综合带动功能，产生外部效应。城市文旅商综合体是将文化、城市景观、城市风貌、旅游、居住、商业、娱乐等多功能融合，从而形成城市文创旅游消费新空间。比如，上海著名的外滩、东方明珠等其实都是在原有城市空间上叠加旅游功能，是一种空间资源的综合创意利用与再开发。二是通过产业链延伸、优化和深化，实现文化旅游创意产业纵向一体化，优化配置产业资源，优化产业结构，推动产业深度发展和高质量发展。文化创意旅游的一体化发展，会形成新的旅游吸引物、旅游文化和旅游服务，创造更多产业价值，推动产业体系不断完善和成长。比如，围绕演艺业形成文学、舞蹈、歌唱、舞台设计、灯光夜景设计、景观设计、多媒体视听技术、舞台装备技术等融合型产业链；围绕太空创意旅游形成太空文化、太空旅游、太空娱乐、航空驾驶培训、航天材料、仪表仪器、纺织面料等融合型产业链，这些产业链在空间上的集聚将逐渐形成特色产业体系。这将是世界经济增长的新动力，世界经济下一步发展的方向。由此可见，文化创意旅游通过完善、丰富、优化、深化和拓展产业链，不仅能够破解产业融合联动的难题，而且能够促进传统产业升级与集聚，形成特色的产业体系和产业集聚区。

（三）产业整合与协同效应

文化创意旅游产业融合发展的内在本质是提高产业的全要素生产率。它的融合发展会促进生产要素的自由流通和优化配置，也会提高生产要素质量，甚至产生新的知识、技术和培养新的劳动者，优化组织管理协同，对产业发展的作用显得更为重要。最终在产业内部会通过纵向一体化产生整合效应，在产业外部通过横向一体化产生协同效应。因此，其融合发展不是简单的要素相加，而是要素之间的"化学反应"，发挥出产业体系的整合与协同效应。

在产业发展到 Y 阶段的时候，旅游产业产生的价值为 A_1，文化创意产业产生的价值为 B_1，两者只是简单的叠加所产生的价值为 C_1，而如果两者能够进行融合发展产生的价值为 C_2，$C_3 = C_2 - C_1$ 就是全要素生产率提高之后产生的新增价值。因此，产业融合发展能够产生更大的经济效益。

第二章

旅游业与文化创意产业融合
发展的创新机制

本章的主要内容为旅游业与文化创意产业融合发展的创新机制，详细论述了旅游业与文化创意产业融合发展的组织管理创新、旅游业与文化创意产业融合要素创新、游业与文化创意产业融合模式创新、旅游业与文化创意产业融合业态创新。

第一节　旅游业与文化创意产业
融合发展的组织管理创新

旅游业与文化创意产业的融合发展与组织管理创新密切相关，本节主要从管理观念创新、组织结构创新、组织流程创新、管理模式创新、组织文化创新五个方面探讨两大产业融合的组织管理创新机制（见图 2-1-1）。

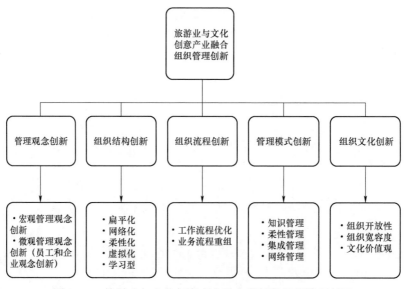

图 2-1-1　旅游业与文化创意产业融合发展的组织管理创新

一、管理观念创新

观念是行动的先导，对行动起着驱动、支配和制约作用。管理观念对于企业运行及产业发展起着重要引导作用，在创意经济背景下，旅游业与文化创意产业的融合发展首先应当立足于管理观念创新。管理观念创新主要包括宏观管理观念创新和微观管理观念创新。

（一）宏观管理观念创新

国家是产业融合发展的宏观主体，旅游业与文化创意产业的融合发展离不开国家的政府规制、产业政策和法律法规等。我国应进一步加强宏观管理观念的创新，学习和借鉴其他国家和地区在推进产业融合发展方面的先进经验，完善产业规制和产业政策，加强知识产权的保护，积极引导两大产业的深度融合。

2014 年 3 月，《国务院关于推进文化创意和设计服务与相关产业融合发展的若干意见》（国发〔2014〕10 号）颁布，明确提出实现"中国制造"向"中国创造"的转变要求，促进技术创新、业态创新、内容创新、管理创新等，着力推进文化创意和设计服务与旅游业、信息业等重点领域的深度融合发展，此意见的出台是国家宏观层面管理观念创新的重要体现之一。为进一步推动旅游业与文化创意产业的深度融合，国家应当注重管理观念创新，以市场为主导，注重文化传承和科技支撑，树立"互联网＋"思维，充分发挥企业主体地位，产学研用协同发展。积极转变政府职能，针对产业融合发展颁布系列法律法规和出台更多的产业扶持政策及配套的法律法规，打破产业融合壁垒，为产业融合向纵深推进提供观念上的引导。

（二）微观管理观念创新

企业和个人是产业融合发展的微观主体。在旅游业与文化创意产业的融合发展中，旅游企业、文化创意企业和企业员工作为主体参与其中，因此管理观念的创新既包括企业组织管理观念的创新也包括员工个人观念的创新。

1. 企业组织管理观念的创新

企业是市场的主体。在现代市场经济环境下，我国旅游业与文化创意产业的相关企业应当深入认识创意经济、信息经济及知识经济等对企业发展提出的挑战和机遇。大型文化创意旅游企业和小微企业均应立足创意经济发展的时代背景，立足企业的长远发展，积极创新企业战略观、质量观、效益观、竞争观、营销观、人才观等组织管理观念。树立"市场主导，创新驱动"的现代企业组织管理理念，打造跨界融合的产业集团和产业联盟，树立品牌意识，以企业组织管理观念创新带动旅游业与文化创意产业的专业化、集约化、品牌化和融合化发展。

2. 员工个人观念的创新

员工个人是从事企业组织活动的最微小的"细胞"，对旅游业和文化创意产业相关企业的员工而言，应准确认识和把握创意经济崛起这一新的时代背景，顺应时代发展提出的新要求，并在此基础上积极创新个人观念。

员工个人观念的形成和发展主要受其思维模式和学习模式影响。旅游业与文化创意产业融合发展的关键点在于"创意"的生成、表现和传递，因此需要大量具有创新精神和创新能力的员工。旅游企业和文化创意企业的员工应当不断培养自身的创新思维模式，通过"学习型组织"

不断学习新观念，通过"头脑风暴法"等进行思维碰撞。积极树立创新意识，不断提高自身的创新思维能力和创意表现能力，为两大产业的深度融合贡献个人智慧，提供有力的智力支持，如青岛创意 100 产业园区内拥有完善的配套服务设施、形式多样的创意 LOFT 空间及个性化的书吧、咖啡吧、酒吧。在这个自由开放的空间里，园区设计师们可以随时进行思维的碰撞和交流，激发创意的灵感，同时还可享受工作之余的惬意生活，为创意的涌现奠定良好基础。

二、组织结构创新

为进一步推动旅游业与文化创意产业的深度融合，旅游企业与文化创意企业在组织结构上应当进行创新，注重向扁平化、网络化、柔性化、虚拟化和学习型的方向发展。

彼得·圣吉的《第五项修炼——学习型组织的艺术与实务》是管理学界的经典著作。他指出，与传统组织相比，学习型组织成员拥有共同愿景，组织由多个创造性团队组成，组织成员善于不断学习。旅游企业及文化创意企业的组织结构创新应当注重五个方面：一是建立扁平化的组织结构，减少企业管理层次，提高企业组织效率，为旅游企业和文化创意企业的"无缝对接"奠定基础；二是建立网络化的组织结构，促进信息和知识的快速传播，实现旅游企业与文化创意企业最大限度的资源共享；三是建立柔性化的组织结构，充分利用旅游企业与文化创意企业的内外部资源，增强企业对市场的快速反应能力；四是建立虚拟化的组织结构，通过网络技术整合生产要素，提高旅游企业和文化创意企业的资源共享和动态利用效率；五是建立学习型组织结构。对我国旅游企业和文化创意企业而言，建立学习型组织结构有利于知识和创意的流动、生成和扩散。

三、组织流程创新

旅游业与文化创意产业融合发展推动了组织结构的扁平化、网络化、柔性化、虚拟化和多元化，并对组织流程提出了新的挑战。

随着现代科学技术的进步和信息技术的迅速发展，旅游企业和文化创意企业应当建立集成化的信息管理系统和创意研发中心，以"创意"生成为核心，进一步优化工作流程和业务流程，推动企业间信息流、知识流、资金流、物流等生产要素自由、有序地流动。

在创意经济时代，"内容为王、渠道制胜"成为共性认识。为推动旅游业与文化创意产业的深度融合，旅游企业和文化创意企业应当注重内容生产并积极拓展营销渠道，优化工作流程和业务流程，提高"创意生成—文化创意旅游产品生产—文化创意旅游产品营销"的效率。

四、管理模式创新

随着创意经济的崛起和产业融合的加速，旅游企业和文化创意企业的管理模式也应当不断创新，注重知识管理、柔性管理、集成管理和网络管理。

（一）知识管理

注重知识管理，提高知识管理的效率对于旅游业与文化创意产业的融合发展起着重要推动作用。知识按其特性可分为显性知识和隐性知识，显性知识的学习和传递较为容易，而隐性知识的学习和传递难度较大，旅游业与文化创意产业的融合发展的关键在于"创意"的生成。创意又称为"点子"，创意的生成源于复杂的脑力劳动，属于隐性知识的范畴，因此需要旅游企业和文化创意企业高度重视知识管理，建立知识共享平台、创意研发平台或知识联盟，构建"学习型组织"，为创意员工提供线上线下"O2O"（Online to Offline）的人性化互动交流平台，为创意的生成、表现和传递提供更便捷的渠道。

（二）柔性管理

对旅游企业和文化创意企业而言，企业经营发展环境始终处于不断变化之中，因此需要加强柔性管理，充分利用企业的内外部资源，增强企业对市场的快速反应能力，促使旅游企业和文化创意企业更好地适应产业融合发展环境，推动产业融合目标的实现。

柔性管理必须在各柔性要素所构成的环境下予以实施。为了保证通过柔性管理能够提升旅游企业和文化创意企业竞争力，企业内部各柔性要素必须在合适的环境中实施。柔性管理的实施是在一个多变的、非均衡的环境中进行的，柔性要素包括资源柔性、能力柔性、组织柔性、生产柔性和文化柔性，只有上述要素通过整合形成一股合力，企业才能创造出和谐的环境和企业生态系统，柔性管理的实施才能得到保证（见图 2-1-2）。

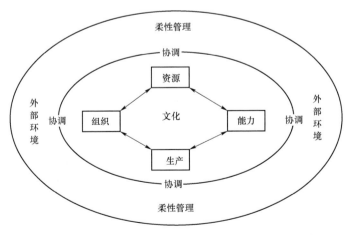

图 2-1-2　旅游业与文化创意产业融合发展的柔性管理模式

（三）集成管理

集成管理是一种注重整体性和一体化的管理模式，其核心是运用集成的思想和理念来指导企业的管理行为实践。1938 年，社会系统学派的创始人切斯特·巴纳德（Chester Barnard）在《经理人员的职能》一书中首次突破传统的以分工理论为基础的管理模式，提出了系统的协调思想，他也被认为是集成管理思想的开山鼻祖。1998 年，查尔斯·萨维奇（Charles Savage）在《第五代管理》中指出，集成不仅是一种技术手段，还对组织结构具有重要影响，集成的过程则是保持企业内部和外部联系的关键模式。

在创意经济时代，旅游企业和文化创意企业应当注重采用效率和效果并重的集成管理模式，突出一体化的整合思想，将管理重点由传统的人、财、物等资源转变为以现代科学技术、信息技术、创意人才等为重点的智力资源管理。"创意"是推动旅游业与文化创意产业深度融合的内核，因此，企业应当转变传统的资源观，将"创意"作为企业最核心的资源，注重学习型组织的构建，提高企业的知识含量，激发知识的潜在效力，激发创意的生成和传递，提高集成管理的效率。

（四）网络管理

随着信息技术的发展，"互联网＋"时代到来。旅游业与文化创意产业的融合发展与信息技术的发展和变革密切相关，企业必须采用网络管理这一新的管理模式，将现代信息技术成果应用于企业发展中，注重企业信息基础设施的建设，加强对计算机硬件、软件和人力资源的配置、使用、管理和协调，对网络资源进行实时监测、评价和控制，提高网络服务性能和服务质量。

为更好地推动网络管理模式的变革，旅游企业和文化创意企业应当注重构建虚拟化、柔性化、多元化的组织结构，优化业务流程，根据企业发展实际构建 B2B 模式、B2C 模式或 C2C 模式，通过网络贸易和网络营销更便捷有效地进行创意研发和创意产品生产及推广。此外，旅游企业和文化创意企业在运用互联网思维推动企业发展的产业融合的同时，还应当注重互联网安全，防范互联网的潜在风险，做好相应的应急预案。

五、组织文化创新

旅游业与文化创意产业的融合发展与组织文化创新密切相关，旅游企业和文化创意企业的组织文化创新主要包括组织的开放性、组织的宽容性及文化价值观三个方面。

（一）组织的开放性

一般而言，开放性的组织更善于悦纳新观念、新事物和创意人才。产业融合是跨越产业边界而进行的突破和创新，旅游业与文化创意产业的融合需要开放性的组织文化作为支撑。因此，我国旅游企业和文化创意企业及二者融合而成的新型文化创意旅游企业应当着力构建开放型的组织，为产业深度融合奠定良好基础。

（二）组织的宽容性

旅游业与文化创意产业融合发展的内核是"创意"，创意的生成需要包容的文化氛围。美国学者通过对美国 49 个都会区的调查和研究发现，美国经济发展较好的城市往往"3T"指数较高，著名的"3T"理论认为创意经济发展的关键在于人才指数、技术指数和宽容度指数。美国创意指数和欧洲创意指数的重要衡量标准之一即为"宽容度指数"，对宽容度的高度重视和应用极大地推动了美国和欧洲创意阶层的培育及文化创意产业的蓬勃发展。创意阶层已成为推动旅游经济发展的主体，对旅游目的地的开拓具有重要推动作用。

（三）文化价值观

共同的或相似的文化价值观是产业融合发展的内在基础。旅游业与文化创意产业融合发展的微观主体是企业，塑造共同的企业文化价值观对于两大产业的深度融合十分重要。

旅游业与文化创意产业的融合发展主要源于需求的变化，产业融合是产业可持续发展的必由之路，有利于提高产业可持续竞争优势。我国旅游企业和文化创意企业有着共同的利益诉求和融合发展需求，因此组织文化价值观的塑造应立足这一现实需求，强调两大产业必须联手方可合力推出满足市场需要和消费者需求的文化创意旅游产品，并在此基础上逐步形成彼此认同的文化价值观。

第二节　旅游业与文化创意产业融合要素创新

旅游业与文化创意产业融合发展的基础在于要素融合，融合要素创新是产业融合创新机制的重要组成部分。在创意经济背景下，产业融合要素主要包括资本、技术、人才等，本节主要分析资本融合创新、技术融合创新以及人才融合创新。

一、资本融合创新

（一）必要性和可行性分析

1. 必要性

金融资本是促进旅游业与文化创意产业融合发展最直接也最为有力

的手段之一。一方面，可通过金融资本促进旅游业与文化创意产业的融合发展，促进产业结构升级，优化资源配置；另一方面，金融内在调节机制也能够制约两者融合的方向和规模。可见，资本融合创新具有其必要性。

2. 可行性

就外部环境而言，文化产业和旅游业都是国家重点发展的服务业。在低碳环保的大背景下，国家对其政策扶持力度较大。银行也在着力发展相关业务，包括信贷的支持、外汇业务及文化旅游服务相关金融产品的开发等，而文化创意经济自身也在借助风险投资和资本市场不断地发展壮大。所以，在较为成熟的外部环境和比较完善的服务体系带动下，进一步利用金融支持旅游业和文化创意产业的融合发展是可行的。

（二）金融资本支持旅游业与文化创意产业融合发展的障碍

1. 企业规模的限制

一方面，就文化创意企业而言，仍以小型或微型企业为主。另一方面，就旅游企业而言，"小、散、弱"的局面在短时期内难以改变，市场竞争力不强，极大地制约了旅游企业的融资能力。

2. 产业性质的限制

政企不分、产权不明晰等问题的存在使得旅游业和文化创意产业的贷款主体难以落实，这主要体现在：一是一些资源和财产归属不同的行政管理部门，不符合贷款条件，因此无法取得银行贷款，难以满足创意旅游开发需要的大量资金；二是商业银行一般都以不动产等实物作为信贷担保，而文化企业多以无形资产为主，致使贷款担保难。

3. 投资特点的限制

文化创意旅游服务项目往往在基础设施方面投入较大，投资回收期较长。同时，文化创意旅游产品的市场波动较大，需求具有不确定性，存在一定风险，从而增加了其获得银行资金支持的难度。

（三）资本融合创新的路径

1. 金融组织创新

第一，建立旅游开发银行或合作银行。旅游开发银行是专门为促进旅游业和文化创意产业融合发展提供金融支持的政策性银行，它可以在地方政府领导下，由各地市商业银行、信用社或政府财政共同出资组建。

第二，组建文化创意旅游担保公司。为了改善文化创意旅游贷款难、担保难的情况，可以由财政部门和文化企业、旅游企业组建专业的文化创意旅游担保公司，以专业担保机构为主、金融机构为辅，在给予企业更多的信贷支持的同时合理分担风险。

第三，建立创意旅游产业发展基金。可以考虑如下两种方案：第一种方案是设立发展基金，在相关文化创意旅游企业的收入中或旅游者的消费中提取一定比例金额，成立合作性发展基金；第二种方案是可采取公助民营的方式，资金的主体源自文化创意旅游企业、民间机构等，政府对其进行相应的扶持。

2. 金融制度创新

第一，信贷制度设计创新。对盈利多且信用记录好的文化创意旅游产业集团实行快速审批机制，对其重点项目在贷款利率、用款计划等方面给予优惠和优先考虑。有效划分文化企业信用等级，探索知识产权、艺术品、影视制作权等无形资产质押方式，对有市场前景的文化产业投资项目，适当扩大项目融资、银团贷款等产品使用范围；对农村文化企业，积极拓展农户小额信用贷款、联保贷款的覆盖范围，推动农村地区文化产业金融服务创新。

第二，投融资模式创新。根据经营类型、融资渠道、合作模式和盈利模式等因素，以政府或市场为主导，探索符合文化创意旅游产业发展的投融资模式，如财政投融资模式、债权投融资模式、股权投融资模式、项目投融资模式和内部投融资模式等。

第三，加强上市公司培育。政府应支持有发展前景的优秀文化创意旅游企业进入资本市场，及时将符合产业政策、产品有市场、有潜力且效益较好的企业纳入拟上市公司名单；有针对性地开展推广培育工作，选择有潜力或具备一定条件的企业，特别是符合条件的旅游企业、中小型科技企业，进行重点培育和扶持，创造条件上市；加强对企业境内外上市的培训，开展上市推介活动。

3. 金融产品创新

第一，发行旅游企业债券。大力支持发展企业债券市场，鼓励有计划地发行企业债券，增加债券品种，扩大债券发行范围，满足企业的不同筹资需要，并且鼓励发展长期商业票据市场，以及发展和规范私募资本市场和场外交易市场的交易活动。

第二，拓展文化旅游资源资产证券化渠道。对于文化创意旅游资源或文化创意旅游产品，在保障有稳定现金流的条件下，可以采用现金资产证券化。即发起人（文化创意旅游企业）将证券化资产（如门票收入等）出售给特殊目的载体，或通过该机构在金融市场上发行有价证券进行融资。

第三，发行旅游银行卡。一是与旅行社、航空公司联合发行信用卡。如招行携程联名信用卡、中信银行与美国西北航空公司联合推出一体化的旅游金融服务等；二是与旅游局合作发行银行卡。如由银行与当地旅游局合作发行金穗旅游卡，使游客在旅游全过程享受更贴心的服务和更大的优惠。

4. 金融市场创新

第一，建立相关旅游企业、文化企业的产权交易市场。可在现有产权交易市场上设立文化创意旅游企业板块，或专门设立独立的文化创意旅游企业产权交易市场。通过产权交易市场，使得经营状况差或面临破产的相关企业找到市场退出机制，也为其他社会资本进入文化创意旅游行业提供路径。

第二，建立旅游景区经营权交易市场。在目前普遍采用的旅游景区整体租赁经营模式下，旅游企业对旅游景区往往没有产权，只有经营权。因此，建立旅游景区经营权交易市场，可以提高企业资产的流动性，利用平台向国内外招商引资，规范行业准入和退出的市场机制，实现资源的优化配置。

二、技术融合创新

（一）融合背景

1. 旅游需求的变化推动了科学技术向旅游业的延伸

在知识经济背景下，科学技术对人们工作和生活的影响越来越大。它不仅影响人们的生活方式，也改变了人们思维方式。对于普通公众来说，尽管不需要有较强的科研能力，但了解一定的科学技术对他们的个人发展越来越重要，科技旅游在这一背景下应运而生。它是科学技术向旅游业延伸的产物，满足人们在旅游中学知识、长见识的需要，成为一种新的休闲生活方式。

2. 科学技术的发展促进了旅游业的转型升级

首先，现代科技的发展对旅游业产生了重要影响，高新技术的运用推动了旅游业的快速发展，甚至改变了旅游业的传统经营模式和消费模式，同时也催生了一大批具有高技术含量的新旅游产品和服务提供商，极大地丰富了旅游的内涵和外延。其次，移动互联网技术与旅游融合，移动终端、门户网站、App极大地便利了旅游者在线寻找、比价和下单，同时通过旅游者之间的在线交流促进了旅游产品和服务的优化；大量的游客数据又构成了智慧城市的基础，使旅游目的地城市更能掌握游客所需而推出贴近市场的旅游产品。再次，数字技术催生了另一新型旅游业态——虚拟世界。例如，虚拟紫禁城、数字敦煌等就是通过互联网电子信息技术展现重要历史文化旅游景点的虚拟世界。消费者对虚拟世界旅游产品的了解和需求，激发了旅游景点对相关产品与服务的需求。

（二）科技与旅游融合的效应

1. 正面效应

第一，科技进步对旅游发展具有巨大推动作用。"科学技术是第一生产力"表明了现代科技对经济社会发展的重大作用，也是旅游业发展的基础。科技创新提升了旅游基础设施的文化品位，增强了旅游经济活力，带动了旅游业的发展。科学技术的发展促进了居民经济收入的增加和闲暇时间的增多，使得大众的外出旅游成为可能。

第二，科技投入增加是促进旅游市场发展的基本途径。科技投入的增加使旅游供求得到全面发展和繁荣，从而推动了旅游业的发展。科技的发展使旅游市场的外延和空间不断扩大，科技投入延长了部分旅游产品的生命周期，科技的应用使旅游产品的安全性大大提高，同时科学技术也使旅游服务越来越完善。

第三，科学技术发展加速了旅游研究创新。科学技术使得旅游研究人员能够通过大数据分析旅游发展的各项关键指标，在获取研究数据方面更加便捷，同时也提升了国际旅游研究交流的效率。

2. 负面效应

一是旅游管理决策的难度加大。现代科学技术发展迅速，旅游管理决策者的决策环境变得更加复杂。旅游和休闲之间的界限变得模糊，方式多种多样，市场细分起来非常困难。

二是"虚拟旅游"等现代科技含量高的旅游方式对传统旅游提出新的挑战。信息技术的发展影响了人们到现实世界的出游积极性，科学发展使人们在家里就能观赏各种各样的自然美景，可以在电视屏幕上驾驶交通工具实现虚拟"旅游"。随着模拟技术的不断进步，人们不需要离开家就能体验惊心动魄的娱乐活动，如跳伞、攀岩、蹦极等，这对传统的现实旅游造成了巨大的挑战。

三是现代科技的负面效益对旅游活动产生新的影响。现代科学技术是一把双刃剑，在促进社会经济发展的同时，也会产生负面影响，如环境污染、生态失衡、对传统伦理的挑战等。这些都会对旅游业产生不良影响，使旅游地的原真环境遭到严重的损害，影响旅游地的可持续发展。

（三）科技与旅游融合的路径

1. 信息技术与旅游业的融合

互联网技术与旅游融合，旅游者可通过移动终端、门户网站、旅游App 等寻求自己满意的旅游产品，改变了传统销售模式，实现了旅游供求的无缝连接。数字技术与旅游的融合催生出虚拟旅游这一新型旅游业态，使得游客足不出户便可享受旅游的快乐，虚拟旅游是现实旅游的预体验。

2. 生物技术和旅游业的融合

随着旅游业的不断发展，环境的负面效应不断显现，特别是生物多样性减少和生态失衡等问题成为阻碍旅游业可持续发展的主要因素。生物技术的应用有利于改善旅游环境问题，促进旅游业的可持续发展。例如，利用微生物与酶的相互作用，将复杂的有机物分解成简单物质，把有毒物质转变为无毒物质，从而保护旅游地的生态环境。

3. 空间技术与旅游业的融合

人类可充分利用空间技术的全球性、连续性、位置高远、直观形象等优势，对地球环境进行监测。此外，航天技术的发展使太空旅游逐渐变成现实，有效地拓展了旅游发展空间。

三、人才融合创新

（一）人力资本是创意旅游的核心要素

影响文化创意旅游发展的因素众多，除了需要获得国家政策的支持外，尤其要注意人力资本的投入。人力资本作为推动文化创意产业和旅游业融合发展的核心要素，在文化创意旅游发展中起着决定性的作用。指数是衡量一个产业人力资本状况的主要方法。对于文化创意产业而言，目前国际上有一个较为通用的衡量指标——全球创意力指数，主要涉及科技、人才以及包容度等指标。

（二）创意型人才的特点

学界普遍认为创意型人才应当具备创新能力、创新意识及创新人格，并从不同角度对创意型人才的特点进行了归纳，具体体现为以下五点。

第一，对问题具有高度的敏感性。创意型人才不仅能够很快注意到某一情境中存在的问题，并设法寻求新的解决途径，而且能够在貌似平淡无奇的事物中觉察到一些奇特的、不同寻常的事情，并展开深入思考。

第二，观念具有高度的开放性。在相同的环境条件下，创意型人才能够在同样时间内形成较多的观点或想法。

第三，思维具有灵活性。创意型人才的想法往往天马行空，不拘一格，容易产生创新的火花。

第四，认识具有新颖性。创意型人才思想活跃，能够经常提出不同寻常且又可以被人们所接受、认可的观点。

第五，人格特征鲜明。创意型人才往往个性较强，成就动机较强。

（三）人力资本的作用

第一，人力资本是保护和传承优秀历史文化的主干力量。创意人才往往富有创意才华，能给予传统历史文化新的生命力。

第二，人力资本是文化创意旅游生产经营活动的重要资源，文化创意旅游生产经营活动离不开创意内容生产者、创意产品生产者和经营者。

第三，人力资本是文化创意产业创新的源泉。创意人才通过对传统文化资源的重新认识、挖掘与再造，再以物质化形式推向市场，从而去影响世界。

第四，人力资本是文化创意产业核心竞争力的载体。在知识经济时代，人是第一位的，人的创新能力、创意（人力）资本将成为最大的劳动生产力和社会财富，创意人才也成为当今各国争夺的最主要人力资源要素。

（四）人才培养的路径

一是积极创新人才培养模式。建立"产、学、研、用"一体化文化创意旅游产业人才综合培养体系，有计划、分步骤地施行文化创意旅游人才培养计划。

二是实施"走出去"战略。以高校和各专业机构联合互动为主体，加强国际国内高校间学生交流互换、合作办学。制订文化创意旅游人才海外培训计划，多渠道培育优秀创意人才。

三是注重引进国内外优秀人才。采取团队引进、核心人才带动引进等诸多方式积极引进海内外优秀文化创意旅游人才，鼓励企业采取高薪聘用及兼职等多种方式引进人才，缓解国内文化创意旅游高端人才稀缺的困境。

四是完善人才激励机制。鼓励文化创意旅游人才以知识产权、无形资产、技术要素等作为股份参与企业利润分配。这样可以激发员工潜能，使个体积极主动地从事某种自认为重要或是有价值的工作。

五是推进文化创意旅游人才培训体系和评价体系建设。整合区域教育培训资源，全面推进职业资格证书制度和培训、考核市场化机制。加强对培训项目、培训证书和培训机构的管理。

第三节　旅游业与文化创意产业融合模式创新

旅游业与文化创意产业的融合发展受诸多主客观因素影响和制约，是一个动态的复杂过程。根据融合程度、融合形式和组织方式的不同，旅游业与文化创意产业融合发展模式可分为产业渗入型、产业延展型、产业重构型、产业聚合型及产业一体化五种。

一、产业渗入型融合模式

产业渗入型融合模式（见图 2-3-1），主要指在保持旅游业和文化创意产业独立产业属性的前提下，借助资源、技术、产品、业务及市场的整合，将旅游产业或文化创意产业价值链环节中的某一部分浸入另一产业，从而提升产业附加值。产业渗入型融合模式主要包括旅游业向文化创意产业的浸入及文化创意产业向旅游业的浸入两种模式，前者重在拓展文化创意产业的旅游功能，后者重在提升旅游业的创意内涵和文化品位。

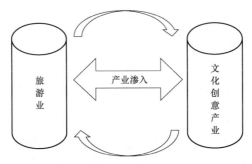

图 2-3-1　旅游业与文化创意产业融合发展的产业渗入型融合模式

（一）旅游业向文化创意产业渗入融合模式

旅游业向文化创意产业的渗入融合模式主要指通过旅游业向文化创意产业的渗透，赋予文化创意产业新的旅游功能，通过两大产业功能上的互补促进产业融合的实现。

随着创意经济和体验经济的发展，消费者的消费诉求产生了新的变化。美国学者约瑟夫·派恩二世和詹姆斯·吉尔摩（B.Joseph Pine Ⅱ & James H.Gilmore，1999）在《体验经济》一书中指出，继产品经济和服务经济之后，体验经济时代已经来临。他们认为，商品是有实体的，服务是无形的，而体验是难忘的，体验使每个人以个性化的方式参与其中。

对于文化创意产品的消费，消费者不再局限于被动地购买和消费商品本身，而是对产品的创作和生产制作过程产生了强烈的兴趣，希望有更多机会亲自参与体验文化创意产品的创作和生产。消费需求的新变化对旅游业和文化创意产业提出了新的挑战。

（二）文化创意产业向旅游业渗入融合模式

随着创意经济的发展，旅游者对文化性突出、创意度高、体验性强的文化创意旅游产品的需求越来越高，促使旅游业发生了"创意转向"，为文化创意产业向旅游业的融入提供了新的契机。

文化创意产业的核心竞争力在于"创意"，因此在文化创意产业向旅游业的融入中，最关键的环节是通过创意植入提升产品附加值。旅游活动全过程主要涉及"吃、住、行、游、购、娱"六要素，文化创意产业可通过六要素的渗透实现与旅游业的融合发展（见图 2-3-2）。

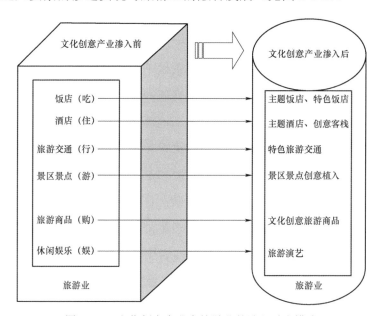

图 2-3-2　文化创意产业向旅游业的渗入融合模式

在文化创意产业向旅游业的渗入融合过程中，文化创意企业在创新技术推动下，凭借其强大的文化创意内容生产和渠道传播优势，在旅游业各个环节进行文化渗透和创意植入，赋予传统旅游产品新的文化创意内涵，提升旅游产品品位，形成新的旅游吸引物。

旅游演艺是文化创意产业向旅游业融入的重要载体，现以宋城发展股份有限公司的千古情系列为例进行阐释（见表 2-3-1）。

表 2-3-1　千古情系列旅游演绎的阐释

序号	名称	首演时间	旅游演艺主题	文化创意产业向旅游业融入
1	宋城千古情	1997 年	挖掘良渚文化，西子传说，演绎岳飞的爱国情	在生日挖掘旅游景区历史文化素材基础上，运用现代高新科技对其进行创意内容挖掘和展示，为游客提供全方位、立体化、虚拟化的演艺节目体验，延长了游客在旅游景区的停留时间，提升了游客的文化创意旅游体验，提升了景区综合效益
2	三亚千古情	2013 年	深入黎村苗寨挖掘当地民族文化，演绎人仙情	
3	丽江千古情	2014 年	挖掘东巴文化、滇西文化，演绎兄弟情和生死相依的凄美爱情	
4	九寨千古情	2014 年	展现藏羌原生态文化，演绎同胞情	

　　在千古情系列旅游演艺中，杭州宋城千古情是世界三大名秀之一。演出用现代化的声、光、电技术创造性地演绎了良渚之光、宋宫宴舞、金戈铁马、西子传说和魅力杭州，生动地再现了良渚古人的艰辛、宋皇宫的金碧辉煌、岳家军的惨烈抗争、梁祝化蝶的凄美、西湖之畔千年等一回的千古绝唱，同时还将丝绸、茶叶和烟雨江南等文化要素表现得淋漓尽致，给人带来震撼心灵的视觉体验。在杭州宋城景区推出宋城千古情演艺节目后，来宋城看秀就成为许多中外游客的期盼。由此可见，高品质的旅游演艺产品有利于提升景区知名度，并拓展景区的客源市场。

　　值得一提的是，由于旅游演艺对旅游景区的拉动效益明显，近年来，我国许多旅游景区纷纷斥巨资推出各种演艺节目，但由于演艺节目良莠不齐，也使得许多投资巨大的演艺节目难以经受旅游市场检验，出现"门前冷落车马稀"的局面，在市场中遭遇"滑铁卢"，有的甚至因演出市场遇冷而使得巨大的投入化为乌有，资金链断裂，最终被市场淘汰。由此可见，旅游演艺节目不能盲目上马。一旦决定开发旅游演艺节目，一定要做好前期市场调研工作，在此基础上深入挖掘景区景点所在地有特色的历史文化和民俗风情，请专业的人士来进行演艺节目的创作、编排和市场营销，这样才能更好地实现文化创意产业向旅游业的融入。

综上，文化创意产业向旅游业融入模式的重要特点为通过创意植入提升旅游业含金量，为旅游业创造新的经济增长点，改变传统旅游景区景点对"门票经济"的过度依赖，提升景区景点的文化内涵和创意品位，实现景区景点的优化升级，为游客创造更多现代互动体验机会，推动旅游业可持续发展。

二、产业延展型融合模式

旅游业与文化创意产业的产业延展型融合模式主要指两大产业通过产业延展实现深度融合。与产业融入型融合模式相比，产业延展式融合模式往往会打破旅游业与文化创意产业的壁垒，派生新的文化创意旅游业态，重构产业价值链。

目前，主题公园是旅游业与文化创意产业的产业延展型融合模式最重要的表现形式（见图 2-3-3）。国外最早的微缩主题公园是 1952 年建造于荷兰的"小人国"，全球第一家真正意义上的主题公园是于 1955 年在美国洛杉矶诞生的迪士尼乐园。迪士尼乐园是产业延展型融合模式的经典案例，也是不断创新的动漫主题公园的持续典范。"永远建不完的迪士尼"，这一脍炙人口的宣传口号向消费者传递了企业不断创新的理念，

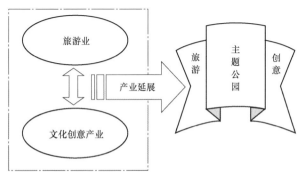

图 2-3-3　旅游业与文化创意产业的产业延展型融合模式

"满足顾客需要"则是迪士尼乐园创新产品的原动力,通过不断创新而创造了较高的重游率以及良好的市场口碑。迪士尼乐园的成功得益于文化创意产业与旅游业的有机融合。

近年来,国内主题公园迅速发展,深圳的主题公园群、苏州乐园、杭州宋城、浙江横店影视城等是其中的典范。研究发现,发展势头良好的主题公园无一例外都注重旅游业与文化创意产业的融合,在主题公园建设中充分挖掘和运用文化创意元素,合理利用现代声、光、电技术及时尚表现手法,将主题创意策划、景观创意策划、产品创意策划与营销创意策划有机结合,从而在激烈的市场竞争中始终保持竞争优势。然而,国内许多主题公园由于市场定位不准确及缺乏创意等而处于亏损状态,亟须提升主题公园的文化创意内涵,积极开拓市场。

综上,旅游业与文化创意产业的产业延展型融合模式的重要特点是较少受资源禀赋制约,注重"旅游"和"创意"的有机结合,通过产业延伸方式来实现旅游业和文化创意产业的深度融合。

三、产业重构型融合模式

旅游业与文化创意产业的产业重构型融合模式主要指依托现代科学技术的发展,以创意为内核重构旅游业和文化创意产业的上下游产业链,使两大产业通过内容融合和商业模式融合等重组方式进行深度融合(见图 2-3-4)。通过产业重构型融合模式而派生的新的文化创意旅游产品文化科技含量高、创意独特且具有独特的个性化体验。

目前,旅游业与文化创意产业一般以节庆和会展作为实现产业重构融合的重要的表现形式。

节庆是旅游业与文化创意产业重构融合的重要平台。近年来,国内比较有影响力的节庆包括潍坊国际风筝节、青岛国际啤酒节、曲阜国际孔子文化节、岳阳国际龙舟节等。其中,1984 年开始举办的潍坊国际风

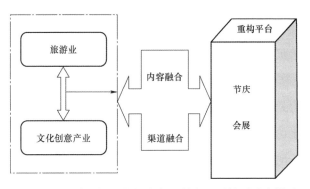

图 2-3-4 旅游业与文化创意产业的产业重构型融合模式

筝节是我国最早冠以"国际"称号并吸引了众多海内外人士参与的大型节庆活动,成功地开创了"风筝牵线、文体搭台、经贸唱戏"的节庆旅游模式。1989 年,美国、英国、意大利等 16 个国家和地区风筝组织共同成立"国际风筝联合会",联合会决定将总部设在中国山东潍坊,潍坊也顺理成章的成为世界风筝文化交流的中心,潍坊风筝节从此走向世界。从某种意义上讲,潍坊国际风筝节开创了中国节庆旅游的先河,此后国内众多节庆旅游都纷纷学习借鉴这一模式的成功经验。潍坊国际风筝节期间,来自世界几十个国家和地区的代表队都参与了锦标赛竞赛,还可到潍坊风筝博物馆体验个性化的创意风筝的制作。此外,通过潍坊国际风筝节这一平台,还可广泛开展文化创意、旅游经贸等领域的合作和交流,真正实现以"风筝为媒"的旅游业与文化创意产业的深度融合。

青岛国际啤酒节是亚洲最大的啤酒盛会,也是优秀的节庆旅游品牌。1991 年开始举办,每年 8 月的第二个周末开幕,为期 16 天。啤酒节是融旅游发展、经贸洽谈、文化交流于一体的大型节庆活动,节庆期间活动丰富多彩,主要包括与国外企业和展商进行经贸合作与交流,举办国际啤酒饮料及酿造技术博览会,引进原汁原味的国外啤酒文化艺术表演,为市民和游客提供品尝美酒、欣赏精彩演出的良好平台。经过多年发展,青岛国际啤酒节这一节庆旅游品牌在国内外具有了较高知名度,每年都会吸引国内外众多啤酒厂商参展,同时还会吸引上百万市民和游客参与其中。

大连国际服装节是国内外知名的国际服装节之一，同时也是集经贸、文化、旅游于一体的国际盛会。大连国际服装节 1988 年开始举办，服装节活动异彩纷呈，既包括精彩的时装秀、服装博览会、服装设计大赛、国际服饰文化论坛，也包括巡游表演、游园会、狂欢节等，每年都会吸引来自全球各地的服装企业、服装设计大师及游客的目光。经过 20 余年的精心打造，大连国际服装节作为节庆旅游品牌已在国内外享有盛誉。

会展也是旅游业与文化创意产业重构融合的重要平台，2010 年上海世博会即为通过举办博览会带动文化创意产业和旅游业重构的典范。2010 年上海世博会极大地推动了上海及周边地区旅游业的发展。2010 年上海世博会参观人数超过了 7 000 万人次，创下世博会举办 150 多年以来的最高纪录。巨大的游客流量给世博会举办地上海及周边城市带来旅游商机，推动了区域旅游基础设施和旅游景区景点的建设，提升了区域旅游形象，同时也使得上海世博会这一节庆旅游品牌知名度提升。

随着对节庆和会展重视程度的不断增加，国内有影响力的节庆和会展品牌不断增加，但优秀品牌仍相对缺乏。因此，国内应进一步学习借鉴国外成功经验，加大对节庆和会展品牌的打造力度，进一步提高国内节庆和会展品牌的市场知名度和美誉度，使旅游业和文化创意产业重构型融合向纵深推进。

四、产业聚合型融合模式

旅游业与文化创意产业聚合型融合模式的重要表现形式是文化创意产业园区。我国文化创意产业园区发展如火如荼，自 2008 年以来，我国文化创意产业园区得到快速发展。中国文化创意产业园区主要分布于北京、长三角、珠三角、滇海、川陕及中部六大区域，并由此形成了六大文化创意产业集群。

根据不同类型进行分类，中国现有文化创意产业园区可分为五大类型：产业型、艺术型、休闲娱乐型、混合型和地方特色型。

文化创意产业园区是集文化创意产业生产、学习和研发为一体的文化产业集聚区。在体验经济时代，文化创意产品的生产和制作对旅游者具有特殊吸引力，从游客需求出发挖掘和打造文化创意产业园区的旅游功能必将产生良好的复合效应，既可以提高文化创意产业园区的经济效应，也可通过游客的"口碑传播"提高文化创意产业园区的市场知名度和影响力，培育新的文化创意旅游产品消费群体。

根据文化创意产业园区类型的不同，旅游业和文化创意产业聚合的方式也有所不同（见表2-3-2）。

表 2-3-2　文化创意产业园区旅游业与文化创意产业融合的具体方式

园区类型	产业融合的具体方式	典型园区
产业型园区	园区文化创意产业链较为完整，具有规模效应，在此基础上丰富旅游功能，延伸产业链	山东青岛创意 100 产业园
艺术型园区	以创意人才为基础，汇集艺术家工作室、艺术品作坊、画廊等，多为城市的新地标，并以此为依托拓展旅游功能	北京 798 浙江杭州 A8 艺术公社 上海苏河艺术中心 广东深圳大芬村
休闲娱乐型园区	主要满足人们文化消费需求，在此基础上发展文化旅游	上海梅地亚 1895 北京什刹海文化旅游区
混合型园区	以科技园为依托，结合电子游戏业、动漫业等园区内优势产业加载旅游功能	上海张江文化科技创意产业基地
地方特色型园区	依托当地特有的自然景观、文化历史资源、民俗风情等发展文化创意产业和旅游业	云南西双版纳民族风情园 北京高碑店传统民俗文化园 北京潘家园古玩艺术品交易园区

青岛创意 100 产业园区是旅游业与文化创意产业聚合型融合模式的典型案例。目前，园区主要注重从以下两方面加强旅游业与文化创意产业聚合。

一是注重发展工业旅游。园区规划开发坚持"历史文脉保留、创意特色参与"原则,对原青岛刺绣厂老厂区进行了"修旧如旧"保护性开发。对老厂区内能体现工业元素的厚重砖墙、大跨度车间、斑驳地面、粗大管道等均予以刻意保留,并在其间巧妙融入时尚、前卫文化创意元素,使老厂区工业遗址的历史感与现代文化创意的时尚感交相辉映,园区也成为集工业旅游与文化创意为一体的个性化主题景区。

二是注重开发旅游纪念品。近年来,园区以开发"青岛礼物"为核心,积极打造原创城市礼品与旅游纪念品线上线下相结合的交易平台。2010 年以来,园区先后打造了包含礼品格子店、创意礼品蜂巢等新业态的创意礼品街,开发电子商务交易系统,积极培育原创城市礼品与旅游纪念品设计、生产和销售相结合的服务平台。整合国内外礼品产业优势资源,导入文化资源,在原创礼品的创意研发、生产制作以及整合营销方面形成产业链,提升园区的投入产出效益。

五、产业一体化融合模式

旅游业与文化创意产业的产业一体化融合模式主要指旅游业和文化创意产业在一定空间范围内,通过产业规划、产业发展、产品设计、市场营销、品牌塑造等方面的一体化,实现两大产业交融发展。

随着创意经济的发展,旅游模式不断推陈创新,文化创意旅游综合体应运而生。文化创意旅游综合体是顺应创意经济发展而出现的新型文创旅游融合模式,目前业界和学界尚未有统一概念。学者们比较认同文化创意旅游综合体突出了文化创意"内核",较好地满足了消费者获取知识信息、提升文化艺术修养、体验创意生活等多方面需求。

文化创意旅游综合体具有多重功能:一方面,文化创意旅游综合体具有城市综合体的属性,是集商业网点、酒店餐饮、公寓住宅、综合娱乐等核心功能于一体的多元、高效综合体;另一方面,文化创意旅游又对旅游综合体进行了优化和升级，立足一定的旅游资源与土地基础，以文化创意旅游休闲为导向进行土地综合规划和开发，以特色街区、休闲度假酒店集群、综合休闲娱乐中心、休闲地产社区等为核心功能，注重提供高品质的文化创意旅游产品和服务。文化创意旅游综合体的发展有利于优化旅游业和文化创意产业结构，延长两大产业价值链，促进旅游业和文化创意产业转型升级，推动产业可持续发展。

由于旅游业和文化创意产业发展背景、发展基础、发展重点、发展特色、发展方向等存在较大差异，各地文化创意旅游综合体的发展也各有不同（见表 2-3-3）。

表 2-3-3　文化创意旅游综合体旅游业与文化创意产业的融合发展特色

名称	融合发展特色
西安曲江新区	文化旅游＋会展创意＋影视演艺
深圳东部华侨城	大型旅游集团＋品牌商业模式
成都宽窄巷子	历史文化街区＋时尚文化创意植入
沈阳棋盘山开发区	工业遗址＋文化旅游＋园艺博览

第四节　旅游业与文化创意产业融合业态创新

旅游业与文化创意产业的融合有助于派生新的文化创意旅游业态，从而使传统旅游业优化升级，如通过"影视＋旅游""动漫＋旅游""演艺＋旅游""节庆＋旅游""会展＋旅游""主题公园＋旅游""科技＋旅游"等方式派生了影视旅游、动漫旅游、演艺旅游、节庆旅游、会展旅游、主题公园旅游和虚拟旅游等新业态（见图 2-4-1）。现以影视旅游和动漫旅游为例，对旅游业与文化创意产业融合发展业态创新进行深入分析。

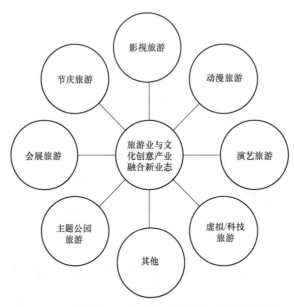

图 2-4-1　旅游业与文化创意产业融合发展的新业态

一、影视旅游

（一）影视旅游的概念及特征

1. 影视旅游的概念

影视旅游发端于 20 世纪二三十年代的美国，随后在世界各国兴起。中国影视产业起步较晚，影视旅游的 20 世纪 80 年代后才为人们所熟知。

伴随着影视旅游的发展，影视旅游逐渐成为国内外学者研究的热点。20 世纪 90 年代以来，国外学者关于影视旅游的研究日渐增多。中国学者关于影视旅游的研究起步比较晚，2004 年以后对影视旅游的研究才逐渐增多，但研究方法较为单一，且多为理论研究。关于影视旅游的概念，目前国内外学者尚未达成一致。学者们见仁见智，从旅游者角度、旅游产业链角度以及旅游供需角度探讨了影视旅游的内涵。

本书认为，影视旅游究其实质是文化创意旅游的重要表现形式，主要涉及旅游业和文化创意产业中的文化艺术、传媒及版权业。由于影视旅游主要指围绕影视制作地、影视博物馆、影视主题公园、影视节庆活动等展开旅游活动，因此应当综合考虑影视投资发行方的诉求以及旅游者的个性需求，以创意为内核提升影视旅游文化创意内涵。同时，影视旅游还应当不断延伸旅游产业链，为旅游者提供创意性高、参与性强、体验性好的影视旅游产品，从而促进影视旅游在创意经济背景下得到更好地发展。

2. 影视旅游的主要特征

（1）影视旅游产品创意独特

在创意经济时代，游客对旅游产品的独特性、新颖性和创新性提出了更高要求。为更好满足游客不断变化的旅游需求，当前影视旅游的发展急需独特创意作为支撑。

比如，《哈利·波特》系列影视作品在全球掀起收视狂潮，影片的成功很大程度上得益于英国女作家 J·K 罗琳的非凡创意。在成功吸引全球影迷的眼球后，围绕《哈利·波特》系列的魔法之旅、影视制作基地探秘、影视旅游主题公园开发、影视纪念品销售等也如火如荼地展开，其独特创意又成功地吸引了众多游客到影视作品拍摄地、故事发生地、影视制作地一探究竟，满足心中的魔法梦想。与之类似，依据英国作家托尔金所著奇幻小说改编的《指环王》系列电影也在全球取得了傲人的票房成绩，其作品现已翻译成近 40 种语言，引发了相关游戏的兴盛、书籍的畅销，同时也吸引了大量游客到影片拍摄外景地新西兰开展充满创意的奇幻之旅。

（2）依托后影视产品延伸产业价值链

后影视产品主要涉及两大类：一是围绕影视作品本身开发丰富的衍生品，如出售音像制品权；二是开发影视关联产业产品，如出售影视纪念品、打造影视主题公园、推出影视旅游线路及制作影视网络游戏等。影视旅游从本质上讲更接近第二种形式的后影视产品，通过延伸影视产业价值链，为影视产业寻求新的经济增长点。

为更好地依托后影视产品延伸产业价值链，美国迪士尼乐园顺应市场发展要求和游客需求，不断推出迪士尼动漫影视作品，同时大力开发动漫影视作品的衍生产品，如出售旅游纪念品、推出主题游乐项目、打造动漫旅游线路、出版动漫图书等，通过多种形式延伸产业价值链，始终保持对游客的独特吸引力，有力地促进了影视旅游的发展。

（3）影视旅游产业关联度高

影视旅游难以独立存在，往往与影视业、旅游业、文化创意产业等保持着高度的关联性。依托电影作品举办的电影节是推动影视旅游的重要活动之一，目前世界上最负盛名的三大国际电影节分别是戛纳电影节、柏林电影节和威尼斯电影节。每年法国小城戛纳举办电影节期间，城市的大街小巷总是挤满了来自全世界的电影人、影迷和游客，极大地促进了当地影视旅游的发展。

位于浙江东阳的横店影视城 2004 年被确立为国家级影视产业实验区。横店影视城在我国率先实行了"免场租政策"，并通过产业化运作汇集了 300 余家影视公司，带动了影视城周边地区餐饮、住宿、购物等行业的全面发展。经过多年发展，横店影视城逐步形成了一条以影视拍摄基地为依托，以影视文化为内涵，以影视旅游为业态，以休闲娱乐为目的，多行业联动发展的影视旅游产业链。影视城在取得良好经济效益的同时，还赢得了游客的认同，市场知名度和美誉度也不断提升。

（二）影视旅游的开发原则

1. 精选影视作品原则

影视旅游开发不是盲目的，应当有序进行。影视旅游的成败与影视作品密切相关，因此影视旅游的开发首先应选择优秀的影视作品。在选择影视旅游作品时，可依据不同影视题材确立不同的评判标准。但无论何种题材，评判标准是比较一致的，主要包括影视作品的创意、冲击力、感染力、文化内涵或教育意义等。

2. 凸显创意内核原则

影视旅游能否取得成功，与影视旅游产品质量的高低密切相关。在影视旅游资源的开发过程中，应注重以创意为内核，深入挖掘影视旅游产品文化和创意内涵，为游客提供全新产品和服务。

2003 年，新西兰率先提出发展"创意旅游"。新西兰影视旅游也十分注重凸显创意，游客可根据电影"拍摄地图"来安排制订自己的旅游路线，同时影视旅游公司会为游客提供体贴周到和独具创意的服务，使游客获得独特体验。新西兰影视旅游的另一独特之处是游客可到影视制作基地进行探秘和互动。新西兰已将影视制作产业确立为具有"未来增长潜力"的四大产业之一，并予以重点扶持和发展。位于新西兰首都惠灵顿的"威塔之家"是电影特效爱好者的天堂，为游客提供电影探秘及互动体验的宝贵机会。此外，在影视旅游纪念品开发方面，新西兰也独具创意。新西兰著名珠宝设计师汉森在尼尔森开有一家珠宝店，珠宝店最具特色的旅游产品则是由汉森亲自复制的《指环王》中的"至尊魔戒"，这一原汁原味的旅游纪念品吸引了众多游客的目光。

3. 注重体验旅游原则

影视旅游开发的又一重要原则是注重游客参与，丰富游客体验，更好地满足游客诉求。在影视旅游活动中，旅游者不再局限于被动地观赏，而是希望亲自参与其中，充分调动视觉、听觉、触觉、嗅觉等各种感官，获得独特的旅游体验，从而丰富人生阅历，愉悦身心，获得更大的成就感和满足感。因此，影视旅游应当以影视资源作为吸引物，注重激发旅游者的兴趣，促进旅游主体与客体的双向交流。

丰富游客体验的原则可充分贯穿在影视旅游产品的开发过程中，可赋予旅游者更多的影视情景体验,现以几部经典的3D卡通电影为例进行解读。电影《里约大冒险》中有一个经典画面：还不会飞翔的布鲁被珠儿带到空中，掉到了空中飞翔的滑翔翼上，虚惊一场。带着对卡通电影的热情，几乎每个到里约热内卢的游客都会亲身体验电影中的空中滑翔项目，如今空中滑翔已成为里约热内卢最受游客欢迎的影视旅游体验项目。无独有偶，电影《飞屋环球记》中出现的委内瑞拉坐小飞机，俯瞰天使瀑布的画面，同样引起了游客的极大关注，当地旅游企业也适时推出了到天使瀑布旅游的行程。由于天使瀑布身处密林深处，必须在离天使瀑布300公里外的圭亚那城乘坐飞机前往游览。在飞机上，游客可以重温电影中的经典情节，从而丰富旅游体验。此外，电影《海底总动员》也带给了游客不一样的旅游体验。电影讲述了父亲马林和儿子尼莫一直在澳洲外海大堡礁中过着幸福平静的生活，向往到海洋冒险的尼莫游出了所居住的珊瑚礁，不幸被一位潜水的人捕走，父亲马林从此踏上了寻找儿子的漫漫旅程。影片激起了观众的极大共鸣，影片中的大堡礁也成为游客造访澳洲的热门景区。当地旅游企业也适时推出了"海底漫步"等独特的旅游项目，让游客亲身体验《海底总动员》中尼莫的生活，使游客仿佛置身于电影场景之中。同时，景区工作人员还会帮助游客拍摄海底漫步的美妙瞬间丰富游客的旅游体验。

（三）影视旅游的创意开发模式

1. 影视基地模式

影视旅游基地通常是影视作品的重要拍摄地和生产制作地，也是国内外影视旅游开发的重要模式之一。国外最著名的影视基地当属美国好莱坞影视基地和印度宝莱坞影视基地。国内影视基地主要有浙江横店影视城、无锡三国城和水浒城、云南大理天龙八部影视城、宁夏镇北堡西部影视城、长影世纪城等。影视基地为影视作品的拍摄提供了重要的平台，同时基地自身也通过拍摄影视作品、开发影视作品衍生品等渠道推动了影视旅游发展。

美国好莱坞影视基地在影视旅游发展方面有诸多值得借鉴的地方，好莱坞的环球影视城是闻名世界的影视旅游主题公园。游客在环球影视城可以亲身体验电影中的特技效果，如亲身感受 8 级大地震、体验山洪暴发、领教龙卷风威力等惊险镜头的拍摄，还可乘坐时空穿梭车进入未来时空，或重回侏罗纪公园与史前动物来一次亲密接触。此外，游客在影城还可近距离观看电影拍摄过程，了解电影明星如何飞檐走壁、勇斗怪兽、飞越太空，解密电影特效制作，从而更真实地了解银幕背后的故事，体验电影的神奇魅力。好莱坞影视基地的野外剧场也极负盛名。剧场始建于 1922 年，是专门举行演唱会和音乐会的场所，著名的甲壳虫乐队曾在该剧场演出。如今，游客可以在剧场尽情欣赏电影音乐、流行音乐及爵士音乐等多种音乐演出。此外，好莱坞的派拉蒙电影城也是吸引游客驻足的绝佳场所。游客在电影城可以看到很多电影里曾看到过的背景装置、明星的照片及他们所获得的各种奖项。此外，游客还可在影城目睹明星们拍摄的场景。总之，美国好莱坞影视基地通过多种渠道打造影视旅游产品，为影视旅游发展提供了绝佳范本。

为更好地吸引游客，影视基地应注重开发吸引游客参与、丰富游客体验的影视旅游项目，如北京怀柔影视文化基地的星美小镇是《铁齿铜牙纪晓岚》《康熙微服私访记》《大宅门》《大染坊》《倚天屠龙记》《天下粮仓》等 100 多部影视剧的外景地。走在仿明清风格的古镇街道，旅客恍若穿越了时空。基地的旅游服务公司可为游客提供专业的摄影、摄像、化装和道具服务，让游客更真实地体验和感受影视作品魅力，满足心中的影视梦想。游客可身穿明清服饰，在全国唯一的"太和殿"（实景复制）演绎一回帝王将相；或身着华服高冠，到御花园演绎一段才子佳人的浪漫故事；或着战袍佩宝剑，纵马驰骋，体验金戈铁马的悲壮情怀。

2. 主题公园模式

主题公园是一种人造旅游资源。影视旅游的主题公园模式主要指以成功的影视题材为蓝本，以文化创意为内核，以互动性游戏为载体开发的主题公园或娱乐设施。主题公园模式是国内外影视旅游开发的重要模式之一。

美国迪士尼乐园是主题公园模式的典范，通过不断推出充满创意的影视旅游产品，使游客获得独特体验，从而带动主题公园影视旅游发展。近年来，迪士尼结婚派对作为一种新兴潮流在美国悄然兴起。派对围绕米老鼠的主题，为新人们提供灰姑娘故事中的童话婚礼。自迪士尼主题公园推出这一全新业务后，尽管婚礼花费不菲，但来自世界各地的订单仍源源不断。究其原因，迪士尼结婚派对为新人们提供了一次美妙而富有诗意的人生体验，使其实现了从小就向往的灰姑娘和英俊王子快乐生活的梦想。为这样独特的体验买单，新人们认为物有所值。如今，在迪士尼主题公园举办婚礼已成为美国社会的时尚潮流，是迪士尼乐园重要的收入来源之一。

3. 景区景点模式

景区景点模式也是一种重要的影视旅游开发模式。该模式以优质的旅游资源为载体，为影视拍摄取景提供场所，同时通过影视作品传播效应来吸引游客，让旅游者亲身体验影视拍摄地和影视故事发生地的独特魅力。景区景点模式在国内外比较普遍，韩国济州岛、中国桃花岛、重庆茶山竹海、武隆天生三桥等都是典型的景区景点模式，凭借影视作品的影响力吸引游客前往游览。

济州岛是韩国最大的岛屿，曾被联合国教科文组织先后指定或认证为生物圈保护区、世界自然遗产和世界地质公园，拥有美丽的自然风光和独特的人文风情，素有"韩国夏威夷"之称。济州岛是著名的影视拍摄外景地，《冬季恋歌》《人鱼小姐》《浪漫满屋》和《天桥风云》等诸多收视率极高的浪漫韩剧曾在此拍摄，是韩剧粉丝心中又爱又恨的"爱情魔岛"，同时也是韩国最佳蜜月度假地之一。近年来，济州岛凭借其影视作品的超高人气，不断开发富有创意的影视旅游产品。

二、动漫旅游

（一）动漫旅游的概念及特征

1. 动漫旅游的概念

近年来，国内外学者对动漫旅游进行了大量研究。对于动漫旅游的概念，目前学术界尚未达成共识，但大多数学者比较认同动漫旅游是以动漫资源为核心，经过深度开发而形成的新旅游形式。

综合学者们的观点，本书认为动漫旅游是动漫产业和旅游业有机融合而派生的新型旅游业态，在本质上属于体验式旅游范畴，具有极高的参与性、趣味性、娱乐性和文化性，充分体现了动漫业与旅游业的有机融合。

2. 动漫旅游的主要特征

（1）创新性强

动漫旅游发展主要以动漫作品为依托，丰富的动漫资源是创意旅游发展的必要条件。随着社会经济文化水平的不断提升，旅游者素养也不断提高，旅游需求日益多样化、个性化，求新求异的心理越来越突出。旅游者需求变化对动漫旅游发展提出了新的挑战，动漫旅游开发应以文化和创意为内核，将追求创新、追求卓越的理念渗透在动漫旅游产品的开发过程中。

（2）体验度高

体验度高是动漫旅游的又一个重要特征。在体验经济时代，旅游者对于充满个性及体验感良好旅游产品的需要更加强烈。"动漫旅游以动漫作品为依托，将动漫场景和文化以实物和活动的场景的形式浓缩到有限的空间里。通过将动漫作品的场景拟造出来，或者将景区通过动漫的技术手段虚拟出来，可以给旅游者带来强烈的视觉冲击力和情感震撼力，使游客在欣赏和游览过程中获得独特的旅游体验。"[①]

动漫主题公园注重为游客营造体验环境，为游客提供参与性和亲历性活动，使游客可以在短时间内感受卡通世界的独特魅力，并且从中感悟快乐，各大动漫节庆中的 COSPLAY 活动也因其体验性强而深受游客喜爱。此外，各个动漫展馆、动漫街区等也非常注重推出以游客互动体验为主的旅游活动项目，满足游客个性化的需求。

（3）表现形式新颖

动漫旅游依托动漫作品而展开，动漫旅游的目标客户群大多为动漫爱好者。动漫作品中蕴含了创作者的智慧、才能和想象力，在此基础上展开的动漫旅游也具有新颖的表现形式。在动漫旅游实践中，动漫主题公园这一形式的影响力较为广泛。除此之外，动漫旅游形式还包括动漫展馆、动漫节事活动、动漫特色街区、动漫角色扮演、动漫情景体验和动漫制作探秘等。

（二）动漫旅游创意开发的原则

1. 注重突出创意内核

在创意经济背景下，创意的重要作用逐渐显现。被誉为"创意产业

---

① 杨晶晶. 动漫旅游产品研究［D］. 合肥：安徽大学，2010.

之父"的英国经济学家约翰·霍金斯（John Howkins，2001）在《创意经济》一书中明确指出"全世界创意经济每天创造 220 亿美元，并以 5% 的速度递增。"

动漫旅游策划的重要原则之一即为突出创意内容，将创意融入动漫旅游的全过程。动漫旅游产品应当拥有独具特色的主题，动漫旅游表现形式应当新颖而独特，从而满足游客不断提高的旅游需求。

迪士尼乐园是动漫主题公园成功的典范，其主要经验为注重突出创意，不断推陈出新。1955 年，世界上第一个现代意义上的主题乐园——迪士尼乐园在美国加利福尼亚州的洛杉矶开园。乐园以迪士尼经典卡通故事为主题，赢得了世界各地游客的喜爱。为时刻保持对游客的吸引力，迪士尼不断创新，在不同时代塑造了不同的动漫明星。在迪士尼动画梦工厂，几乎每天都有新的创意产生，为迪士尼乐园提供了源源不断的创意素材，从而使其在激烈的市场竞争中始终保持竞争优势。

2. 注重游客个性体验

在体验经济时代，注重游客个性体验是动漫旅游创意策划的又一重要原则。动漫旅游的发展是建立在动漫作品基础上的。随着动漫产业的迅速发展，动漫题材和内容也不断丰富，为动漫旅游的开展提供了良好的旅游资源。

动漫旅游的发展应当从游客需求出发，注重分析目标客户群，针对不同的受众，设计出个性化、差异化的动漫旅游体验。具体而言，可根据游客的性别、年龄、职业、文化背景、个性偏好等设计动漫旅游产品。通过参与动漫旅游活动，游客既可以体验卡通世界的浪漫冒险，也可以体验绿茵场上的拼搏奋斗和侦探过程的神秘莫测。通过体验，游客可以获得别人无法复制的独特个人感受，满足个性化的旅游需求。

日本鸟取县的大荣町是风靡日本的漫画书《名侦探柯南》创作者青山刚昌的故乡，也是全世界柯南迷向往的一座小城。近年来，围绕柯南这一著名的动漫人物，大荣町推出了一系列游客体验活动。"在柯南动画片诞生 10 周年之际，大荣町举办了名侦探竞赛。参加者将在柯南大桥上拾到一部照相机，然后根据目击证人提供的线索找出真正的失主，答对者将得到一套漫画迷梦寐以求的柯南邮票。"[①]这一独特的动漫旅游体验活动为柯南迷们提供了圆侦探梦的机会，因此吸引了不少柯南迷参与。可见，注重游客个性体验对动漫旅游发展至关重要。

3. 注重旅游环境营造

旅游环境会对游客产生潜移默化的作用，动漫旅游的发展也需要营造全方位、立体化的旅游环境。在动漫旅游目的地，各种旅游设施与旅游服务都应当围绕特定的动漫旅游主题展开，从而激发游客的旅游热情，强化游客的旅游体验，增加旅游满意度。

迪士尼乐园十分重视营造动漫旅游环境氛围。迪士尼乐园的服务人员均穿着卡通服装，为游客营造梦幻的卡通世界。此外，被誉为"动漫之都"的东京也十分注重动漫旅游环境营造。如在东京的户外广告中，卡通 Logo 无处不在，让旅游者充分感受动漫的独特魅力。

（三）动漫旅游创意开发的主要模式

国内动漫产业发展经历了两个重要时期：一是萌芽探索时期，二是繁荣发展时期。随着动漫产业的发展，国内动漫旅游逐渐兴起和发展。

珠三角地区动漫旅游起步较早，深圳世界之窗及中国民俗风情园是国内早期动漫旅游的代表。长三角地区也注重延伸产业链，充分整合优势资源，打造出了杭州动漫节、上海嘉年华等高水平动漫旅游项目。北京、天津、唐山及泛渤海地区在传统文化资源基础上进行大胆创新，涌现了大量优秀的文化创意园区，为动漫旅游发展拓展了新的路径。此外，

---

① 鲁茜. 论《名侦探柯南》剧场版系列电影的三个模式［D］. 上海：华东师范大学，2009.

重庆、长沙、芜湖等城市也不断引领中西部动漫旅游发展，涌现了西部动漫文化节、长沙虹猫蓝兔、安徽芜湖方特欢乐世界主题公园等动漫旅游新产品和新业态。

1. 动漫主题公园模式

与国外相类似，动漫主题公园模式也是我国动漫旅游发展的重要模式之一。国内比较有影响力的动漫主题公园除了香港迪士尼乐园外，还包括方特欢乐世界主题公园及广东佛山"喜羊羊与灰太狼实景主题公园"等。

方特欢乐世界主题公园近年来在国内遍地开花，芜湖、沈阳、株洲、泰安、青岛、重庆、汕头等地均建有方特主题公园。安徽芜湖拥有方特欢乐世界主题公园和方特梦幻王国主题公园，两者同为第四代高科技主题公园，富有特色的芜湖"双园"也因此被誉为"东方迪士尼"，是中国动漫主题公园的新标志。芜湖方特欢乐世界主题公园以动漫文化为主题，打造出阳光广场、方特欢乐大道、嘟噜嘟比农庄、儿童王国、精灵山谷、恐龙半岛等16个主题区，产生了精彩刺激的动漫旅游项目。方特梦幻王国主题公园的动漫旅游项目同样魅力非凡，魔法城堡、探空飞梭、波浪翻滚、古文明之光、水漫金山等对游客具有强烈的吸引力和震撼力。方特"双园"改变了芜湖乃至安徽的旅游产品结构，为当地动漫旅游的发展注入了新的活力。

2010年，广东佛山"喜羊羊与灰太狼实景主题公园"开园。近年来，中国原创动漫中最具市场影响力的当属《喜羊羊与灰太狼》。为保证主题公园的原汁原味，佛山南海区政府与《喜羊羊与灰太狼》的创作方对实景公园进行了联合策划。实景主题公园主要吸收迪士尼乐园成功经验，忠实还原银幕镜头，将动漫影视作品中的"青青草原""羊村""狼堡"等小朋友们耳熟能详的动画场景完整地复制到现实生活中。在实景主题公园里，游客既可以和喜羊羊、美羊羊、灰太狼等动漫人物亲密接触，亲身感受动漫氛围，也可以扮演动漫角色参与羊狼大战，体验动画明星的真实生活。

2. 动漫文化创意产业园模式

动漫文化创意产业园是综合型文化创意园区。近年来，国内动漫文化创意产业园逐渐增多，现已有北京中关村海淀科技园、太湖源动漫文化创意产业园、杭州滨江白马湖创意文化园、山东沂南动漫文化创意产业园等多家动漫文化创意园。

中关村海淀科技园前身是中国第一个国家级高新技术产业开发区，也是著名的"中关村电子一条街"的发源地。海淀科技园以北京大学、清华大学、中国科学院等著名高校和研究机构为依托进行动漫产品高端研发工作，重点措施包括培养动漫创意人才、进行动漫游戏产品及相关技术研发、协助企业孵化等。中关村动漫游戏孵化器主要依托"一库七平台"孵化企业。"一库"即动漫游戏素材库，"七平台"包括孵化器管理运行平台、动漫画技术平台、公共游戏开发平台、公共游戏测试平台、公共游戏运行平台、特种电影技术平台及公共客户服务平台。中关村海淀科技园是国内优秀的基于互联网的虚拟创意园区，其动漫游戏孵化基地也是北京市文化创意产业专项资金资助项目。随着园区的不断发展，大量的动漫迷、游戏迷和游客也开始涌入这一神秘的高科技园区，为动漫旅游发展构筑了良好平台。

太湖源动漫文化创意产业园注重动漫文化创意产业核心内容的打造，推出了《火星 500》等优秀原创动漫作品，面向青少年群体成立了航天科技协会，打造了"航天科普＋动漫创意＋文化教育＋互动娱乐"的大型网络社区，推动了动漫旅游发展。

3. 动漫节会模式

随着动漫产业的不断发展，全国各地举办的各种动漫节会活动不断涌现，动漫节会模式也随之成为国内动漫旅游发展的重要模式之一。

中国国际动漫节是国家级动漫专业节展，从 2005 年开始，每年 4 月 28 日至 5 月 3 日固定在杭州举办。每年的中国国际动漫节都会吸引大量来自全球各地的动漫企业、知名高校，动漫迷和游客也积极参与其中，产生了极大的市场影响力。通过举办中国国际动漫节，杭州有效汇聚了全国动漫产业的信息流、资金流、人才流，搭建了中外动漫文化交流的平台，推动了动漫产业国际化的步伐。借助中国国际动漫节这一平台优势，杭州提出了打造全国文化创意中心和建设"动漫之都"的目标，并走出了一条动漫产业发展特色之路。杭州动漫产业实现了跨越式发展，《梦回金沙城》《郑和下西洋》和《魔幻仙踪》等优秀原创动画不断涌现，动漫产业及其相关产业发展迅速。此外，杭州还注重筑巢引凤，制定了一系列扶持动漫产业发展以及吸引原创动漫人才的优惠政策，成功吸引了大量动漫家到杭州建立自己的工作室或加盟动漫影视创作，为杭州动漫产业发展奠定了坚实的人才基础。随着杭州中国国际动漫节不断聚集人气，杭州动漫旅游也得到了迅速发展。

4. 动漫展馆模式

动漫展馆是推动国内动漫旅游发展的又一重要形式，主要包括动漫科技馆、动漫博物馆等形式。近年来，在动漫产业发展浪潮的影响之下，中国动漫展馆出现了飞速发展的势头，各地的动漫展馆不断涌现，比较有影响力的包括上海青少年动漫科普馆、广东动漫博物馆等。此外，中国动漫博物馆筹建工作也开始全面启动。

2010 年开馆的上海青少年动漫科普馆以"动漫、生活、体验、科普"为核心，注重科普性、趣味性和互动性。科普馆内主要设置了动漫展示区、动漫视听区、动漫互动体验区等。动漫展示区除了展示国内外优秀动漫作品外，还充分利用最先进的网络及手机技术营造了"动漫之家"，用浅显易懂的方式为青少年解密漫画的创作程序和动画的制作过程。动漫视听区内的迷你影院不仅能够播放国内外经典动漫影视作品，还可以播放由科普馆自主制作的科普短片，寓教于乐，使青少年学习到更好的动漫知识。互动体验区域可以体验高科技的无纸动画和手机动漫等，充分体现了动漫与科技的完美结合。

广东动漫博物馆于 2010 年建成，集科普和游乐于一身，采用国际最先进的多媒体展示平台为游客提供体验动漫魅力的平台。馆内的仿真动漫游艺大厅提供动漫网络游戏平台、现场手绘动漫、真人互动游戏等，使游客充分体验动漫的乐趣。4D 立体影像动漫展厅则以 4D 立体投影技术为基础，展示国内外动漫发展历程及动漫精品。DIY 动漫演示厅主要使用多媒体手段演示了一部动画片从创作构思到生成的过程，并以互动的方式让游客亲自体验动漫制作过程。此外，博物馆的动漫 COSPLAY 秀场每天都会举行一场小型的 COSPLAY 赛事，每位游客都可以扮演自己喜爱的动漫角色在秀场中展现自己的风姿。

三、节庆旅游

（一）节庆旅游的概念及分类

1. 节庆旅游的概念

国内外学者基于不同视角对节庆旅游进行了相关研究。国外学者对于节庆旅游的研究起步较早，发端于 20 世纪 70 年代。由于国外学者在研究中将"节日"和"特殊事件"合称为"节事"，因此他们通常将节庆旅游称为旅游节事活动。国内学者关于节庆旅游的研究起步较晚，对于节庆旅游的概念也见仁见智。当前，国内外学者对于节庆旅游的界定尚未达成共识。本书认为节庆旅游主要指以节庆活动或特殊事件为核心而开展的富有创意的旅游活动。

2. 节庆旅游的分类

根据节庆活动性质的不同，节庆旅游大体可分为以下五种基本类型。

（1）传统节日类节庆旅游

传统节日类节庆旅游主要指围绕传统节日而举行的一系列促进旅游发展的活动，其特点是参与人数众多、覆盖面广、影响力大，如春节、端午节等。

（2）民俗文化类节庆旅游

民俗文化类节庆旅游主要是展示和体验不同区域民俗文化的特殊节庆活动。国外民俗文化类节庆旅游较多，比较知名的有荷兰风车节、西班牙奔牛节等。国内民俗文化类节庆旅游丰富多彩，如傣族泼水节、福建湄洲妈祖文化旅游节、西安古文化节等。

（3）商贸展览类节庆旅游

商贸展览类节庆旅游主要指通过各种博览会、展销会及以地方特色为主题的节庆活动而开展的相关旅游活动。

国外商贸展览类节庆旅游主要包括世博会、慕尼黑啤酒节、美国帕萨蒂娜玫瑰花节、荷兰郁金香节等。国内商贸展览类节庆旅游主要包括上海世博会、昆明世博会、大连国际服装节、潍坊国际风筝节、四川国际熊猫节、青岛国际啤酒节、洛阳牡丹节、海南椰子节、吐鲁番葡萄节、贵州国际名酒节等。

（4）娱乐休闲类节庆旅游

娱乐休闲类节庆旅游主要包括各种形式的艺术节、电影节、选美大赛、美食节等。国外文娱休闲类节庆旅游主要包括格莱美音乐节、爱丁堡国际艺术节、萨尔茨堡音乐节、诺丁山狂欢节、威尼斯狂欢节、柏林国际电影节、戛纳国际电影节、威尼斯国际电影节等。国内文娱休闲类节庆旅游主要包括中国艺术节、中国戏剧节、三峡艺术节、长春电影节、上海电视节、三亚世界小姐大赛、中国美食节、哈尔滨冰雪节等。

（5）体育竞技类节庆旅游

体育竞技类节庆旅游主要指通过丰富多彩的体育竞技活动和体育赛事而开展的相关旅游活动。

（二）国内外节庆旅游的发展及启示

1. 国外节庆旅游的发展及启示

（1）国外节庆旅游发展概述

节庆旅游对于国家或地区的旅游经济发展具有重要作用。国外节庆旅游起步较早，内容丰富，形式多样。国外节庆旅游主要围绕传统节日、民俗文化活动、商贸活动、娱乐休闲活动及体育竞技活动展开。

国外传统节日类节庆旅游的影响力巨大，如在圣诞节、复活节、感恩节、万圣节等传统节日期间，许多国家和地区会开展充满文化创意元素的旅游活动。其中，圣诞节在全世界具有广泛影响，以圣诞节为主题而进行的旅游活动尤为丰富多彩。

国外民俗文化活动众多，有力地带动了节庆旅游的发展，如起源于1591年的西班牙奔牛节每年都会吸引数万人参加，使得奔牛节举办地潘普洛纳声名鹊起，当地经济也得到了迅速发展。此外，素有"风车之国"美誉的荷兰每年都会举办风车节，节庆活动吸引了世界各地游客的目光，极大地推动了荷兰旅游经济的发展。

国外举行的种类繁多的商贸活动也为旅游活动开展搭建了良好的平台，其中世博会更是享誉全球。世博会起源于欧洲中世纪商人定期的市集，随着市集规模的不断扩大，到了19世纪20年代便发展成为博览会。1851年，伦敦举办了第一届世博会，此后世博会在世界多个国家举办，促进了各国交流，同时也带动了当地旅游业迅速发展。

国外开展的各种娱乐休闲活动及体育竞技活动也对旅游发展起到了极大的促进作用。随着爱丁堡国际艺术节、萨尔茨堡音乐节、戛纳国际电影节等活动的开展，当地的旅游业也迅速崛起，如奥地利萨尔茨堡音乐节期间，当地的音乐节大厅、莫扎特音乐学院、州立剧院、米拉贝尔宫等都会举办精彩的音乐活动，吸引了全球各地的音乐迷、文艺爱好者和游客前往一睹风采。此外，奥运会、世界杯、欧洲杯、法国网球公开赛等体育赛事也极大地带动了国外体育类节庆旅游的发展，为体育迷们提供了享受比赛和休闲旅游的机会。

此外，为进一步带动节庆旅游的发展，国外多数国家以市场为导向，注重节庆旅游的合理规划和科学组织，突出节庆旅游的文化创意元素，注重特殊事件对节庆旅游的带动作用，塑造节庆旅游国际品牌，完善节庆旅游产业链条，构建立体化的节庆旅游营销体系。

综上，国外节庆旅游已经成为推动旅游业及文化创意产业深度融合的新业态，激发了人们的非凡创意，进一步丰富了人们的文化生活。

（2）国外节庆旅游的特点

第一，强调市场导向，规范节庆旅游组织管理。

为推动节庆旅游可持续发展，国外普遍注重以市场为导向，以市场引领节庆旅游的发展，如美国帕萨蒂娜玫瑰花节每年都有不同主题的花车巡游。花车巡游结束之后，玫瑰碗全美高校橄榄球联赛就在玫瑰碗体育场拉开帷幕。由于玫瑰花节市场影响力巨大，世界各大知名公司纷纷出资赞助，巡游花车制作及宣传费用、玫瑰碗橄榄球联赛现场搭建费用及其他相关费用均由赞助商出资，赞助商还购置了玫瑰花节的众多广告位进行宣传促销活动。此外，美国广播公司、全国广播公司和哥伦比亚广播公司等纷纷购买玫瑰花节的转播权，全球约有数亿观众通过卫星电视收看节庆活动，给洛杉矶帕萨蒂娜市带来了巨大的商机和旅游收益。

第二，节庆旅游发展迅速，活动突出创意元素。

近年来，随着人们旅游需求的提高，国外节庆旅游得到了迅速发展，许多有创意的节庆旅游活动不断涌现，带给游客越来越多的惊喜。

新西兰在全球率先将"创意旅游"付诸实践。新西兰人热爱艺术，拥有极其活跃的艺术圈，形形色色的艺术节是新西兰人向全世界充分展示自己非凡创意的最佳舞台。新西兰的艺术节缤纷多彩，主要包括疯狂搞怪艺术节、尼尔森艺术节、世界可穿着艺术大赛、奥塔哥艺术节、奥克兰艺术节、基督城艺术节和陶朗加艺术节等。疯狂搞怪艺术节的宗旨是彻底激发每个人的疯狂搞怪潜能和充分展现令人惊奇且有趣好玩的天才创意，艺术节活动充满奇思妙想和非凡创意，吸引了众多艺术家及游客的目光。在为期 9 天的艺术节活动中，活动主办方积极邀请参观者进行"随性创作"，鼓励他们创造出具有自己个性色彩的作品。此外，艺术节期间还将举行五花八门的创意活动展示以及各种疯狂搞怪艺术研讨会，为人们提供搞怪的平台，使人们彰显个性，放飞心情，获得愉悦的艺术和旅游体验。世界可穿着艺术大赛是一项闻名全球的顶级国际艺术盛事，吸引了全球各地艺术家、时装大师和游客的目光。世界可穿着艺术大赛被形容为"狂欢节与高级定制时装的激情交汇"，其独特之处在于其颠覆性地将高级成衣的极致奢华与高雅艺术的非凡创意以一种前所未有的方式完美地融合在一起，并且展现在同一个舞台上。

除新西兰外，其他国家富有创意的节庆旅游活动也层出不穷，让游客在各种创意中尽享节日的乐趣，同时也进一步推动了节庆旅游的发展。

第三，以特殊事件为契机，推动节庆旅游发展步伐。

国外学者往往从广义范畴将节庆旅游称之为旅游节事活动。因此，国外除了注重以节日带动旅游发展外，还注重以特殊事件带动旅游发展，如利用奥运会、世博会等契机，精心打造节庆旅游项目，吸引世界各国游客前往，从而促进当地旅游业发展。

获得奥运会举办权是许多国家梦寐以求的目标，而利用奥运会这一特殊事件促进本国旅游业及相关产业的发展也是许多国家申奥的重要目的。某一国家一旦获得奥运会举办权，便立即成为全球瞩目的焦点。获得奥运会举办权到举办奥运会之间往往会有几年的准备时间，在这一漫长过程中，世界各国媒体将对该国奥运场馆及相关设施建设予以及时追踪报道，历届奥运会的举办都将对举办国的旅游业产生巨大推动作用。

第四，重视节庆旅游国际品牌塑造，增强品牌吸引力。

旅游品牌是旅游活动的标志，目前全球比较有影响力的节庆旅游品牌包括西班牙奔牛节、慕尼黑啤酒节、荷兰风车节和郁金香节等。

西班牙是世界上著名的"斗牛王国"，奔牛节是西班牙的传统节日，在全世界享有盛誉。奔牛节共设有 156 项活动，这些活动均在固定的时间和地点举办，多年不变，很好地保持了节日的传统性和原真性，吸引了众多游客前来体验和感受奔牛节独特的氛围。经过多年的发展和打造，西班牙奔牛节这一节庆旅游品牌历久弥坚，越来越受到游客的青睐。

慕尼黑啤酒节被誉为"全世界最大的狂欢盛会"，是世界知名的节庆旅游活动。啤酒节期间还会举行各种丰富多彩的文艺表演活动、展览会以及游乐体验项目。游客参加啤酒节不仅可以尽情品尝美酒，尽情狂欢，还可以参观各种有意义的电器展览、农产品展览等，参与各种新奇的游乐项目，从而获得独特的旅游体验。慕尼黑啤酒节有力地推动了当地旅游业及相关产业的发展，每年创造的综合收益高达 10 亿欧元左右，节庆旅游品牌效应日益凸显。

与西班牙奔牛节和慕尼黑啤酒节类似，荷兰风车节和郁金香节也是享誉世界的节庆旅游品牌。作为"风车王国"，荷兰人对曾在本国历史发展中起过重要作用的风车具有特殊感情，将风车视为国家和民族的象征。每年的风车节和郁金香节都会吸引全世界各地游客来到荷兰，荷兰风车节和郁金香节的节庆旅游品牌知名度也得到了极大的提高。

第五，注重节庆旅游营销，构建立体化营销体系。

国外十分注重节庆旅游营销，通过各种渠道和媒体构建了立体化的节庆旅游营销体系，现以圣诞节这一在国外影响广泛的节庆旅游活动加以分析。

圣诞节是拉动国外节庆旅游发展的重要节日，圣诞节期间，国外许多国家和地区都有半个月左右的假期，为游客出行提供了时间上的保证。为了争夺圣诞节客源市场这块大"蛋糕"，带动本地旅游业及其他相关产业发展，各个国家可谓"八仙过海，各显其能"，圣诞节旅游活动的营销也各具特色。现以芬兰的圣诞节营销为例加以说明。

芬兰以"圣诞老人故乡"闻名于世，每年能够吸引约40万的世界各地游客拜访当地的圣诞老人村。事实上，圣诞老人仅为传说中的人物，其故乡根本无从查找，芬兰之所以获得这一殊荣其实与当地巧妙的节庆旅游营销密不可分。如今，芬兰的圣诞老人村是全世界闻名遐迩的圣诞节庆旅游热点。每年圣诞节期间，圣诞老人村会围绕圣诞主题举行一系列旅游活动，如为满足世界各地游客尤其是儿童与圣诞老人合影的愿望，村里配备专职摄影师为游客拍摄与身穿红长袍、头戴软红帽的白胡子圣诞老人合影留念。村里的圣诞礼品也极为丰富，各种特色礼品琳琅满目，游客可以随意挑选。游客还可在村中的北极圈标志线上拍照留念，并购买精美的跨越北极圈证书。此外，圣诞节期间村里的圣诞老人会收到几万封世界各地小朋友的来信，因此村里的圣诞老人还承担着写回信的任务，为全世界小朋友带去圣诞问候和惊喜，同时也进一步扩大了"圣诞老人故乡"的影响力。

（3）国外节庆旅游的启示

国外节庆旅游发展如火如荼，深深地吸引着世界各地游客，有力地推动了旅游业发展。通过综合分析可知，国外节庆旅游的启示主要体现在以下四个方面。

第一，节庆旅游活动多姿多彩。

国外节庆旅游活动形式多样，内容丰富，既包括圣诞节、复活节、感恩节等传统节日类的节庆旅游，又包括各大音乐节、艺术节、电影节等组成的文娱休闲类节庆旅游，还包括以全球知名的足球、篮球、网球等体育赛事带动的体育类节庆旅游。丰富的节庆活动为游客提供了多种选择，激发了游客参与节庆旅游活动的主动性和积极性。

第二，节庆旅游项目富有创意。

节庆旅游成功的关键因素之一是要别具一格，富有创意。国外节庆旅游项目注重创意策划和开发，许多活动富有想象力和创造力，避免了主题的雷同和内容的重复，充分满足了游客"求新、求奇、求异"的心理，如芬兰的"圣诞老人故乡"以其富有想象力和创造力的旅游项目吸引着游客的目光，每年圣诞期间都成功地吸引着众多来自全球各地的游客去寻找和实现自己的圣诞节梦想。此外，新西兰推出的疯狂搞怪艺术节、世界可穿着艺术大赛等艺术节活动激发了游客主动参与创作的热情。总之，国外许多富有创意的节庆旅游项目对游客产生了巨大吸引力，对旅游业的发展也起到极大促进作用。

第三，节庆旅游品牌战略实施良好。

优秀品牌具有无法估量的价值，优秀品牌打造对于节庆旅游发展十分关键。国外非常注重节庆旅游品牌的打造，实施了一系列节庆旅游品牌战略，打造了在国际社会享有盛誉的西班牙奔牛节、慕尼黑啤酒节、美国玫瑰花节、爱丁堡国际艺术节等优秀节庆旅游品牌，吸引了无数国内外游客造访节庆举办地，提升了举办地国际旅游形象，有力地推动了举办地旅游业的良性发展。

第四，节庆旅游市场运作体系完善。

国外节庆旅游注重以市场为导向，如美国的玫瑰花节在国际社会具有较大影响力，耗资巨大的巡游花车制作费用和宣传费用等均由世界各大知名公司赞助，节庆活动转播权和广告位招商等工作也有条不紊地进行。玫瑰花节获得了巨大的经济效益，游客从节庆活动中获得了独特体验，各大赞助商的投资得到了良好回报，活动举办地的旅游形象得到提升，旅游业及相关产业得到迅速发展，可谓一举多得，形成了合作共赢的局面。

2. 国内节庆旅游的发展及启示

（1）国内节庆旅游发展概述

与国外节庆旅游类似，国内节庆旅游主要也围绕传统节日、民俗文化活动、商贸活动、娱乐休闲活动及体育竞技活动而展开。如春节期间举办的北京龙潭庙会、天津鼓楼庙会等传统庙会；清明节期间举办的陕西省黄陵公祭轩辕黄帝典礼、河南新郑黄帝陵祭祖大典等祭祀活动；端午节期间举办的岳阳国际龙舟节等节庆活动；七夕节举办的中国（三亚）七夕情人节系列活动、"爱之旅"七夕情侣特色游活动等。国内民俗文化类节庆旅游近年来也颇受游客青睐。中国少数民族众多，围绕各个民族的不同特色而开展丰富多彩的民俗节庆旅游活动往往会给游客带来不同的旅游感受和体验。此外，蒙古族的那达慕大会、曲阜国际孔子文化节、西安古文化节等节庆旅游也颇具影响。国内商贸类节庆旅游主要通过博览会、展销会等形式促进商贸活动与旅游的结合。国内娱乐休闲类节庆旅游主要满足了人们日益增长的休闲旅游需求，近年来得到了迅速发展。中国艺术节、中国戏剧节等艺术类节庆活动对旅游的拉动作用不断上升；长春电影节、上海电视节等也有力地带动了影视节庆旅游市场；哈尔滨冰雪节、中国美食节等也从不同层面满足了游客日益增长的旅游需求。

（2）国内节庆旅游的特点

第一，节庆旅游发展迅速，但组织管理规范性亟待增强。

近年来，国内节庆旅游得到了迅速发展，全国各类旅游节庆活动已达 5 000 多个，比较有影响力的有潍坊国际风筝节、曲阜国际孔子文化节、岳阳国际龙舟节等。其中，1984 年举办的潍坊国际风筝节在节庆旅游发展历程中具有重要地位。潍坊国际风筝节是我国最早冠以

"国际"称号并吸引了众多海内外人士参与的大型旅游节庆活动，成功地开创了"风筝牵线、文体搭台、经贸唱戏"的节庆旅游模式，在国内外产生了巨大影响。从某种意义上讲，潍坊国际风筝节开创了中国节庆旅游的先河，此后国内众多节庆旅游都纷纷学习借鉴这一模式的成功经验。

近年来，国内节庆旅游发展步伐加快，不论是在大都市还是在小县城，各种形式的节庆旅游活动纷纷涌现，节庆旅游市场呈现出一片繁荣的状态。但冷静思考后不难发现，目前国内的节庆旅游发展其实良莠不齐。从总体上看，国内仍有相当多的节庆旅游缺乏专业机构和专业人士的精心策划和组织管理，节庆旅游规范性亟待增强。

目前，国内节庆旅游基本还停留在政府主导阶段，旅游企业自主发挥的余地较小，旅游活动项目的创新性和娱乐性欠缺，难以激发本地居民及游客参与的热情。

第二，节庆旅游较为集中，活动内容重复度较高。

国内节庆旅游数量众多，但许多节庆旅游在时间上较为集中，在定位上比较雷同，活动内容重复度较高，如为争夺假日旅游市场这块大蛋糕，围绕节假日的各种节庆旅游也日渐增多。但节事活动过多过滥，也会逐渐丧失其对于游客的吸引力。

第三，节庆旅游具有一定特色，但创意仍较为薄弱。

创新性是节庆旅游成功必须具备的条件，目前国内节庆旅游越来越注重彰显自身特色。如蒙古族的那达慕大会、哈尔滨冰雪节等均是富有特色的节庆旅游。

每年7、8月份举行的那达慕大会是展示蒙古族风采的盛大节日。蒙古族被称为马背上的民族，常以精骑善射和摔跤作为鉴别一个优秀牧民的标准，那达慕大会上摔跤、赛马、射箭等惊险刺激的竞技比赛充分展现了蒙古族勇士的豪放气魄，令前来观看的游客产生跃跃欲试的冲动，激发了游客极大的参与热情。哈尔滨国际冰雪节也是具有地域特色的节庆旅游之一。冰雪节内容丰富多彩，如在斯大林公园举行大型冰雕展、在太阳岛举行雪雕游园会、在兆麟公园举办别具一格的冰灯游园会、在松花江上修建哈尔滨冰雪大世界，为游客提供了多种多样的以冰雪为主题的休闲娱乐项目，通过以冰雪为主题的一系列活动激发了游客的好奇心和参与意识。

尽管国内节庆旅游越来越注重体现特色，但从总体看，目前国内许多节庆旅游从策划、宣传到产品开发相对缺乏创意，陷入了同质竞争的怪圈，无法提供有竞争力的差异化节庆旅游产品。如国内许多地方都在举办"桃花节""梨花节""桂花节""油菜花节"等花卉类的节庆旅游，但真正能做到让游客感觉充满新意并且乐于参与的节庆旅游还不多见。因此，节庆旅游发展最为重要的是要具有非凡的创意，要能激发游客参与的积极性。

第四，注重节庆旅游品牌打造，但优秀品牌仍相对稀缺。

随着节庆旅游发展步伐的加快，国内节庆旅游进入一个激烈竞争与蓬勃发展的时期。在大大小小的旅游节庆活动中，有的发展势头良好，有的日渐式微。目前，我国也有一些在国内外具有一定知名度的节庆旅游品牌，1999 年昆明世博会和 2010 年上海世博会即为通过举办博览会带动旅游发展的典范。

随着对旅游品牌重视程度的不断增加，国内有影响力的节庆旅游品牌不断增加，但优秀品牌仍相对稀缺。因此，应进一步加大对节庆旅游品牌的打造力度，提高国内节庆旅游品牌的市场知名度和美誉度，为旅游业的可持续发展奠定良好基础。

第五，节庆旅游从业人员众多，但高素质策划及管理人才相对匮乏。

随着节庆旅游的迅速发展，节庆旅游从业人员数量也快速增加，但高素质策划及管理人才匮乏仍是制约节庆旅游发展的短板。因此，应切实实施人才引进和培养战略，积极吸引国内外优秀节庆旅游人才，打造高素质的节庆旅游人才队伍。

同时，还要进一步拓展高素质节庆旅游人才的培养渠道，如邀请国际知名节庆旅游策划专家及高层管理人才对国内节庆旅游从业人员进行有针对性的培训；加强旅游企业与高校的联合，根据节庆旅游市场需求进行订单式人才培养等。通过开创节庆旅游人才培养新模式，进一步提高国内节庆旅游的策划水平及管理水平，为节庆旅游的可持续发展提供良好的人力资源保障。

（3）国内节庆旅游的启示

第一，注重文化挖掘，丰富节庆旅游内涵。

目前，国内节庆旅游活动在文化的挖掘方面还存在诸多不足，节庆旅游丰富的文化内涵也难以有效彰显。文化通常被看作旅游节庆活动的"点睛之笔"。没有深厚的文化作为依托，旅游节庆活动往往只能落入俗套，异化为庸俗而空洞的搞笑和娱乐，无法真正体现其文化价值和丰富内涵。

因此，国内节庆旅游在发展中应注重文化的深度挖掘。以文化传承和创新为导向，进一步丰富节庆旅游内涵。在文化内涵挖掘方面应充分考虑旅游节庆活动举办地的历史文化、地域文化、商业文化或饮食文化，以文化为引领，吸引更多的游客通过参与旅游节庆活动切实感受文化魅力，并在愉悦的环境中丰富自身的旅游体验。

第二，注重体现特色，突出节庆旅游创意。

节庆旅游主要通过营造节日氛围吸引众多旅游企业和游客等参与其中，从而推动旅游业发展。目前国内旅游节庆活动数量众多，但在质量上却是良莠不齐，许多节庆旅游活动定位雷同，内容重复性高，活动缺乏创意，一定程度制约了节庆旅游发展。

为进一步推动节庆旅游发展，国内节庆旅游活动应更加注重体现自身特色，突出活动创意。一般而言，节庆旅游可分为传统节日类、民俗文化类、商贸会展类、文娱休闲类或体育竞技类等。国内节庆旅游活动应当有鲜明的定位，并根据不同定位进行有特色的主题策划，激发游客的好奇心和参与度，使游客在特定的主题范围内感知节庆旅游魅力。同时，国内节庆旅游活动应当进一步突出活动创意，为游客提供充满奇思妙想的新奇的市场竞争产品，使其获得前所未有的旅游体验。如北京奥运会堪称体育竞技类节庆旅游的典范，其周密的组织、充满想象力的创意策划、规模宏大的开闭幕式表演无不给游客留下深刻印象。北京奥运会不仅是全球共享的一次体育盛会，同时也是具有良好口碑的体育类旅游节庆活动，进一步塑造了北京的良好旅游形象，推动了区域经济文化的发展，同时也为国内节庆旅游发展提供了成功的范例。

四、演艺旅游

（一）演艺旅游的概念及特征

1. 演艺旅游的概念

在文化创意旅游日渐兴起的情况下，"演艺"将会在未来的文化创意产业和旅游业的融合发展中扮演更加重要的角色。学界普遍认为中国的演艺旅游始于1982年西安的《仿唐乐舞》，当时的演出对象主要是访华的外宾。在演艺旅游的发展过程中，主要经历了餐宴表演、主题公园演艺、多元化发展和蓬勃发展四个阶段。

在概念表述上，演艺旅游主要指以演艺作为旅游吸引物而开展的旅游活动。这里的演艺范畴包括的内容非常广泛，既可以是历史文化的，也可以是民俗风情的，具体的表现手法则既可以有传统的精髓，也可以融入现代的时尚。

2. 演艺旅游的特征

（1）演出对象是旅游者

旅游者的主要目的是旅游，而他们对于相关演艺产品的态度不同，有可能是为了某个旅游景区知名的演艺产品专程而来，也有可能是在旅游途中顺便看一下。无论源于何种动机，旅游目的地举行的演出活动不是主要为当地居民提供的，而是为造访该地的旅游者提供的。

（2）文化的高度浓缩

演艺究其实质是一种文化产品，是对相关文化挖掘、整理和表现的一个结果。就旅游者到访一个旅游目的地的动机而言，大部分的情况下旅游者还是为了获得该地域的"地方性文化知识"。演艺产品往往会为地方旅游经济加分，因此必然要考虑到旅游者的心理需求。这就需要在时间有限的演出中尽可能对地方历史文化、民俗风情和自然山水等各种元素进行浓缩式的呈现，所以，演艺旅游体现了文化的高度浓缩性。

（3）鲜明的地方特色

鲜明的地方特色主要指演艺产品的文化元素都不同程度地贴上了地方性的标签。譬如张艺谋的"印象"系列，《印象·刘三姐》《印象·西湖》《印象·丽江》《印象·大红袍》《印象·海南岛》《印象·武隆》，其内容大多是对地方文化的独特挖掘和呈现。

（4）注重互动体验

注重互动体验是演艺旅游的主要特点之一，这一特点很好地区别了那种静态观光式的演出。通常情况下，在相关的演出活动中，都会设计个别活动与旅游者进行互动，让后者有更好的演艺旅游体验，在相关演出活动中使用得最多的桥段就是"娶亲"了。譬如，江苏周庄的实景演出《四季周庄》及长江三峡里"三峡人家"景区的土家文化表演都有这样的内容，这样的设计往往使演出活动的氛围更为浓厚。

（二）演艺旅游兴起的原因和作用

1. 演艺旅游兴起的原因

（1）我国社会经济发展的迫切需要

总体说来，处于不同社会经济发展阶段的旅游者，其在需求特征上也会呈现很大程度的不同。我国人均 GDP 不断上升，按照国际经验，在这一社会阶段，旅游、文化等产业会随人们需求的发展而发展。因而就目前来说，我国旅游业正处于从传统游览观光至休闲度假过渡转型阶段。演艺旅游的兴起，无疑是这个时期阶段性表现的特征之一。

（2）旅游产品转型升级的客观要求

在创意经济的大背景下，旅游产品迫切需要转型升级。如重庆《印象·武隆》推出之前，游客在武隆停留时间普遍较为短暂，大多数游客浏览景区景点后即会离开当地，如何留住游客是当时武隆旅游业发展面临的最大问题。经过缜密的市场调查和分析，在重庆市及武隆当地政府的大力支持下，决定力邀张艺谋团队在当地打造具有地域文化元素和特色的旅游演艺产品。《印象·武隆》推出之后，武隆旅游链条更为完善，旅游产品优化升级步伐加快，游客在当地停留时间延长，极大地拉动了当地演艺旅游及其相关产业的发展。

2. 演艺旅游的作用

（1）丰富了旅游目的地的产品体系

演艺旅游产品对于旅游目的地来讲最明显的一个作用就是极大地丰富了整个产品体系。对于资源贫乏、产品单一的地区来说，演艺旅游无疑让其多了一个卖点。而对于旅游业本已发达的地区而言，演艺旅游产品丰富了其产品构成。譬如杭州西湖，本已名声在外，本身就是传统的旅游胜地，而《印象·西湖》的出现则让西湖旅游具有了更丰富的内涵。

（2）产生了良好的经济效益和社会效益

演艺旅游产品对于旅游目的地而言，可产生良好的经济效益和社会效益。如随着《宋城千古情》演艺节目的成功，宋城集团每年仅需要新增投资 1 000 万元左右创新演艺节目，即能拉动 2 亿多元的演出票房及旅游收入，演艺旅游产品产生的经济效益和社会效益由此可见一斑。

（3）对于旅游目的地有着良好的营销效果

演艺旅游产品，尤其是一些知名的产品，在丰富地方旅游内涵的同时，还对旅游目的地有着良好的营销效果。具有较高知名度的演艺旅游产品通常是大手笔制作，具有"三高"特质，即高数额的投资、高知名度的创作团队、高水平的演出效果。这样的演艺产品往往场面宏大、精美，观众流连忘返，甚至可能引发游客的二次消费，同时也因具有较高的美誉度而成为一个品牌。同时，演艺旅游产品在一定群体中的传播，不仅是作为一个产品而传播，同时也是对产品所在地的旅游宣传。譬如提到《印象·刘三姐》，人们就必然会想到桂林阳朔，提到《禅宗少林·音乐大典》就必然会想到嵩山少林。

（4）为文化与旅游的结合提供了具有启示意义的范式

对于文化与旅游的结合，目前学界和业界有"文化搭台，旅游唱戏"，"文化为魂，旅游为翼"，或者"文化为里，旅游为表"等说法。应该说，这些说法有着良好的引导意义。但是，如果涉及具体的操作层面，相关的研究并不多见。在创意经济背景下，演艺旅游为文化创意产业与旅游业的结合提供了具有启示意义的范式，而这种范式重点体现在对以挖掘和表现地方性文化知识为主的演艺旅游产品相关特性的把握和生产经营模式的创新上。

3. 演艺旅游的类型

（1）室内文艺表演

以外地人为主要演出对象的室内文艺表演是早期演艺旅游产品的主要代表，虽然在室内文艺表演上演之初可能并没有专门地将其定性为一个旅游产品，而只是对某个活动进行助兴而已。但这种室内文艺表演的开拓性意义是不可以忽视的，正是在这种类型的表演发轫下，才有了今天一些举世瞩目的大型山水实体演出。市内文艺表演的代表当首推1982年陕西省歌舞剧院在西安排演的《仿唐乐舞》，经过不断地修改完善，该剧目现在已经成为西安文化旅游的一张靓丽名片。

（2）主题公园演艺

严格意义上讲，主题公园演艺其实在初期也带有助兴的成分，其作用主要在于烘托园区的热烈氛围，甚至很多演艺不一定具有鲜明的主题。但随着这种演艺形式的发展，一些具有较大影响力的主题演出开始相继出现，这些演出已经远远突破"助兴"这一边缘化的角色，它是主题公园内相对独立的一个"看点"。如世界之窗推出的"欧洲之夜"、浙江横店影视城推出的《江南遗韵》和《梦里水乡》等即为这一类演艺旅游产品的典型代表。

（3）景区实景演出

景区实景演出主要指演出场地由传统的室内剧场转移至自然山水间，张艺谋团队合作推出的印象系列即为景区实景演出的典范，这些作品分别选取了独特的山水剧场呈现具有地域特色的文化符号，为旅游者带来了风格迥异的独特文化体验。

（4）演艺节事活动

演艺节事活动指主要围绕演艺文化开展的节事活动，在该活动兴办得较有影响力的情况下，可以吸引部分旅游者，如安徽安庆的"黄梅戏艺术节"为黄梅戏爱好者提供了良好的平台。当然，这类产品在整个演艺旅游产品中显得相对小众些，它的购买者或者参与者可能主要是对某文化感兴趣、有研究、愿参与的人。

4. 演艺旅游的创意开发策略

（1）以雄厚的客源基础为支撑

演艺旅游产品通常投资巨大，需要在推出市场以后具有稳定而充实的客源，这样才能确保投资的回收和盈利。因而，这样的产品首先需要旅游目的地有一定的客源基础，这也是为什么几乎所有的大型实景演出都选择在有一定人气的景区及其附近进行的重要原因。如张家界《天门狐仙——新刘海砍樵》演艺产品的持续发展，主要源于张家界作为自然遗产地和世界地质公园的市场美誉度，每年 2 000 余万人次的游客接待规模是该演艺节目的重要支撑。

（2）以优秀创作团队为保障

优秀的创作团队是演艺旅游产品创作成功的最大人力资源保障。演艺旅游产品的创作包括整体策划、剧情导演、歌舞编排和音乐创作等多方面的内容。只有将顶尖的人才集合起来才有可能保证演艺产品的质量。以《禅宗少林·音乐大典》为例，作为嵩山旅游的一个重要产品，这台演出就集合了梅帅元、黄豆豆和谭盾等人。而"印象"系列产品的成功推出也更是得益于梅帅元、张艺谋和王潮歌铁三角创作团队的亲密合作，因而优秀的创作团队是确保演艺旅游产品成功开发的重要条件。

（3）以独特的地方文化特色为主题

能否挖掘和展现地方特色是演艺旅游产品成败的关键所在。一般而言，一台成功的演艺节目与其所处的独特地域密切相关。不同地域具有不同的文化，演艺节目成功的关键则在于能否呈现独特的地方文化特色。不同的主题赋予了演艺旅游产品不同的个性，有助于旅游者从不同层面深度体验独特的地域文化。如《纳西古乐》演艺节目向旅游者呈现了神秘的东巴文化魅力；《风中少林》演艺节目向旅游者展示了大型的原创功夫舞剧的风采。

（4）注重文化及艺术的创新

尽管演艺旅游产品是集合了许多人的智慧，并经历较长时间才推出市场的，在上演之初也收获了很好的反响，但并不意味着这样的产品在以后的时间里不需要进行修改和完善。由于受到诸多主客观因素影响，一部作品难免有遗憾存在。此外，随着时间的推移和环境的变化，观众的审美需求、审美水平也都在发生变化。为了长时间地保持演艺旅游产品的吸引力，必须要对其进行适时的修改，即要不断地进行艺术创新。譬如《禅宗少林·音乐大典》《金面王朝》等演艺产品自推出以来，十分注重艺术创新，从而使得产品更具活力和吸引力。

第三章

文化创意与旅游要素融合发展

本章的主要内容为文化创意与旅游要素融合发展，具体介绍了文化创意与餐饮融合发展、文化创意与住宿融合发展、文化创意与交通融合发展、文化创意与景区融合发展、文化创意与购物融合发展。

第一节 文化创意与餐饮融合发展

餐饮文化贯穿于人类的整个发展历程，融合于餐饮企业经营和人类饮食活动的全过程。餐饮文化包含在饮食活动中创造的一切物质文化和非物质文化的总和。随着生活水平的提高，越来越多的旅游者更加关注餐饮的精神及文化，旅游者综合运用自身的人文素养和创新才能，为餐饮企业的发展提供源源不断的灵感，而不仅仅追求传统餐饮的重食物与服务。因此，餐厅的服务、环境、氛围、特色等成为影响餐饮消费决策的重要因素，而创意餐饮恰好是营造餐饮体验环境，让餐饮变得有内涵、有特色和有故事的重要手段。"创意餐饮"体现了技术、经济和文化的交融运作，其核心价值就在于文化创意的生成，具有创造性和文化特殊性。其最佳体现就是文化品牌，它可以全方位展示创意餐饮的产品和经营。

一、主题餐饮环境的创意设计

餐厅需要通过文化创意设计，营造文化氛围，提供特色的餐饮服务，为人们构建出一个主题情境或异质空间，使旅游者在这种主题环境中获取沉浸式体验，为旅游者赋予一种精神文化标签，满足其心理和生理上的双重需求。

（一）营造文化主题情境

人类在竞争激烈的环境中一般会去寻找释放压力的渠道，而心理学和消费者行为学研究表明，外部环境的变化会促使消费者实现心理上的安慰。当处于一个别样的主题情境时，旅游者能感受到主题餐厅营造出的非惯常的独特空间，这让旅游者能够产生逃离感，并产生减压效应。因此，当餐厅主题情境符合旅游者心理需求时，就会产生强烈的心理认同和满意的消费体验。主题餐厅应明晰目标市场，明确自身的主题文化定位，并将文化主题融入餐厅的文创设计理念中，融入餐厅的环境、餐饮、器具、服务的每一个环节，从整体营造出餐厅的独特主题风格和情境氛围。

文化主题情境的营造一方面需要一个物理的文化主题情境空间，其中，餐饮空间装修与装饰风格是彰显主题文化的重要载体，经营者和设计师根据餐厅的主题文化，通过建筑与装饰等视觉符号，营造一个主题情境空间，使室内陈设和装饰达到与菜品的形态、意境相协调，与餐饮服务特色协调的水平，给消费者以本真的主题文化体验。文化主题情境的营造首先是餐厅建筑或外墙设计要使用主题文化建筑形式和凸显主题特色的建筑材料。在室内空间方面，不同规模、不同特色的餐厅在餐饮空间互动关系和面积比例方面要协调，一般应符合"功能互补、动静分区、安全高效"的原则。其次，室内陈设与装饰方面重点是主题文化视觉符号的体现与表达。在软装方面使用与主题文化相关的文化装饰品，也可以设计专门的文化展示空间，通过景观小品、表演区及老照片等强化主题。最后，在灯光与色彩创意设计方面，要充分合理地使用自然光照明，设计构件的形态与自然光相结合，营造符合主题情境的光影环境。比如，北京"芭迪熊"儿童主题餐厅将文化、教育、餐饮相结合，所有菜品和服务都根据儿童的特征和需要量身定做；而北京 8 号学苑，主打怀旧牌，让 80 后的人们重返课堂，重拾最宝贵的青春记忆。文化主题情境还有助于形成品牌特色，避免创意复制，实现餐厅的可持续发展。

另一方面，主题餐厅也需要营造一个人文活动的主题情境。利用一些娱乐性、表演性、体验性的互动活动，向消费者传达主题的理念和特色，具有强烈的主导性作用。其中，表演活动应具有观赏性和娱乐性。比如，"巴国布衣"的川剧变脸、四川清音、四川茶艺等节目表演等。体验性活动由餐厅提供相关道具、设施和场所等，由服务员主导与顾客进行互动，使顾客在此过程中感受到互动体验和文化学习的乐趣。比如，成都"田园印象"的顾客可体验一些简单的农耕活动，如磨豆花、舂辣椒、推鸡公车等。

（二）深化主题内涵和丰富主题内容

餐厅的主题内涵与主题内容相辅相成，一味深化主题文化内涵，没有主题内容支撑会导致主题流于形式创意，相反，盲目地丰富主题内容，没有主题内涵引领，会导致主题内容表象化和主题分散。文化创意是主题内涵的灵魂，其外在表现为主题内容的多样化，以及相关衍生品应共同强化并聚焦主题，应依托餐厅主题衍生主题商品、主题游乐、主题音乐、主题影视等。比如，海贼王主题餐厅为旅游者提供一系列的手办、海报、玩偶等动漫衍生纪念品。这些衍生品既强化了餐厅的主题特色，又丰富了主题内容，增加了餐厅的盈利点。因此，注重衍生品的开发，完善产业链条，形成餐厅多元化盈利模式，可以强化餐厅的品牌效应和经济效益。但主题餐厅的创意和创新应与时代需求相适应，如果一味追求过度创新或停滞于低水平创意，缺乏文化的根基与市场需求支撑，那么当人们的猎奇心理获取满足之后，就很难形成持续的客流，餐厅的生命周期就会很短。因此，需要不断地深化主题内涵和丰富主题内容，方能满足旅游者需求，延长餐厅的生命周期。

二、主题菜品的文化创意

菜品是餐饮文化的核心载体，菜品文化是主题餐厅的核心竞争力。餐饮业的文化创意最先是从菜品开始的，围绕着菜品的"色、香、味、形、器"五大要素进行创新创意。有人把现代餐饮业态分为三个层次，突出菜品口味和精细度，能在同行中胜出；以"菜品＋管理"双轮驱动的餐厅，能做成优秀的现代企业；将"菜品＋管理＋文化"三者结合则可以做到可持续的百年老店，足见菜品文化的魅力所在。真正完美的餐饮享受最终都将归宿于文化和精神层面，菜品的文化创意为菜品注入文化与精神内涵，营造体验与学习场景，从而提高菜品的文化与精神附加值，形成核心吸引力和竞争力。

（一）菜品主题情境创意

菜品的文化创意重视菜品食材与烹饪技术的主题性，根据已有的条件和技术，在菜品烹饪工艺和烹饪技术等方面下足功夫，使菜品的"色、香、味、形、意"等都具有餐厅主题特色。菜品主题情境创意常见的有历史主题，如仿唐宴、仿宋宴之类；环境主题，如仿膳，突出的是用餐的宫廷式环境；文学主题，如红楼宴、三国宴；文化主题，如盐商宴、孔府宴、谭家宴等。这类菜品对于用餐的仪式感、器具及场景的制作技艺要求比较高。再比如，"山东三珍"中的海参浇入阿胶汤，再配以海带面，将"三珍"完美地融为一体。海益德的菜谱有两个特色：一是经典孔府主菜旁边都有相关典故。比如，"八仙过海闹罗汉"配文：孔府举行喜庆寿宴时常以"八仙过海闹罗汉"作为头菜登席。"八仙"是指八种原料，"罗汉"是指摆在菜面正中呈罗汉钱状的鸡肉虾饼。菜一上席即可开锣唱戏，故取名"闹罗汉"，宾主可边品尝佳肴边看戏。这些典故凸显了菜肴的亮点，承载了孔府文化，提升了宴席品位，增添了食客谈资。二是主打菜旁边都有四句诗，短短数十字却概括了这道菜的创意内涵、烹调技法与成菜特色，客人一看便知，生动有趣，就餐者的雅兴很容易被这寥寥数语激发。比如，"孔府粽香排骨"旁边配的是"碧翠粽叶味清香，清热解毒誉八方；家喻户晓五月粽，巧把小排袖中藏"。因此，消费者在餐饮消费的同时也受到诗词文化的熏陶。

（二）菜品风味创新

随着经济的发展，中国人口流动性日渐增强，这就要求大中城市在饮食风味上应通过创新创意满足流动人口的需要。传统的餐厅都会有一个主流的风味，但新式餐厅菜品的风味特色可能是相对模糊的。比较典型的例子是"剁椒鱼头"，这本是一个不太有名的湖南菜，被杭州厨师引入杭州的餐馆之后，只是在风味特点上稍稍改动了，一下子风靡全国。现在各地做这个菜，风味上虽然都各有各的特色，但同时也保留着湖南的风味特色。这一类饮食产品谈不上根本性的创新，只是把各地风味融合就已经让消费者耳目一新。一些新兴的菜品风味也因市场需求而被研发出来，比如，素食的设计开发在很多地方受到欢迎。此外，配菜越来越丰富，配酒、配茶、点心等在一些大中城市开始出现并流行。同时也会注重科技对烹饪技术的革命性作用，比如分子烹饪法与低温烹饪法逐渐应用于新式菜肴的开发过程。

（三）菜品装盘形式的革新

菜品装盘是由分餐制带来的革命性的变化。分餐制在装盘时，餐具中菜品的分量发生了变化，只盛装一个人的量。这样，传统装盘手法、传统的大型菜品的制作方法都变得不合适，而现代西餐的摆盘手法开始广泛用于中餐。客人的点菜方式改变了，他们会只点一人份、二人份的量。菜点的搭配方式改变了，要选择不那么太琐碎的原料来搭配才比较容易有美感。再接下来，菜品的制作方法也改变了，过去一些大型的菜肴无法呈现，比如，扒烧整猪头、京葱扒鸭、烤全羊这类的菜受到限制，炒鱼米之类原料琐碎的菜肴也因量少而不方便制作。这使"中菜西做"和"西菜中烹"成为一种潮流，使处于困顿状态的中餐饮食产品进入一个新天地，这也使中高端餐饮的传统中餐装盘的民俗美正逐渐被艺术美所取代。

（四）菜品包装与品牌创意

菜品命名应围绕主题文化特色，体现主题文化内涵，可以彰显主题文化。比如，"巴国布衣"餐厅以川东乡土特色菜肴和餐饮空间装饰突出"巴国文化"特色，其"三峡爆脆肠"的菜名颇具特色，既有食材名称又有工艺手法，特别是加上了地域名称，让人从味觉体验联想到川东三峡风情，产生丰富的联想。"游子回家"餐厅则以"亲情文化"为特色，把每一道菜都加上一个"家人"的称呼，如"爷爷最爱的糯猪手""婆婆粉蒸三合一""妈妈炒的洋芋片""舅娘鲜椒炒腊肉"等菜品都围绕"家人"名字命名，体现浓浓亲情味儿。此外，菜品的品牌创意也开始流行，其中仿古菜肴已经成为我国的文化菜品品牌，比较著名的有西安仿唐宴、杭州仿宋宴、扬州红楼宴。

三、餐饮器具的文化创意设计

辅助性器皿工具不仅能够提升餐厅菜品价值，在餐饮文化创意中同样扮演着重要的角色。菜品与器具就如同"红花与绿叶"，甚至有时候器具经过文化创意设计后其重要性还要高于菜品，餐饮消费也变成一种纯粹的文化消费，如景观菜品。餐饮器具的文化创意应当在器具特色、材质造型、纹饰图案上与菜品设计和餐厅主题文化相匹配。餐饮器具应采用系列创意设计研发、时尚审美工艺，魂体形兼备体现文化韵味，以提升菜品价值，丰富文化消费内容，提高旅游者体验质量。比如，南阳"草船借箭"这道菜的设计是乘着宝船，喷着烟幕，在一首《三国演义》主题曲的诵唱下，诸葛公站立船头，缓缓驶来。船上一桩桩"草人"就是这道菜的核心，它是由河虾一支支穿签，然后裹粉，过油炸后，插在草船上，形似草船借箭，把人们的视野推向了一千多年前的三国时代。在烟幕消除之前，旅游者不能动筷。饭店在时间上设计好了，自带音乐，歌唱三遍，正好船行一周，烟消雾散，方能品尝。餐饮器具的配套也要符合主题餐厅的特色，才能让顾客更好地感受到整个餐厅的主题特色。比如，一些田园主题餐厅为了追求原生态的乡村风情，大都喜欢使用土碗餐具，因为"土碗"具有粗犷、质朴和率真的审美特征，其形态与"乡土田园文化"主题融合。还有的餐厅餐具是瓷盆、缸、钵、筲箕，甚至连铁铲、荷叶、竹笋叶、树叶等都用上了，强烈的原生态风格引起消费者的兴趣，突出了田园主题文化效果。

四、餐饮服务方式的文化创意

随着人民生活水平的提高和消费观念的变化，人们对于餐饮服务方式的期待将会越来越高，文化创意在餐饮服务方式设计中的作用将会越来越明显。

（一）餐饮安全展示

为了消除食客对旅游食品安全问题的担忧，越来越多的餐厅开始让客人了解产地情况。现代餐店都会利用透明厨房把厨房、烹饪过程、原料产地直观地呈现给消费者，也可以用探头的方式把厨房监控画面呈现在食客的面前，一些相对高档的饭店甚至能够做到食材的溯源。

（二）餐饮仪式创意

用餐的仪式感会成为餐饮产品的重要组成部分。从早些年简单的跪式服务、旱冰鞋餐厅到近些年常见的现场烹调、抬轿上菜、唱劝酒歌等，这些服务创意让客人耳目一新。还有少数餐饮企业走了一条文化路线，如"说菜"，每上一道菜，服务人员会相应介绍这道菜的文化背景、食材出处，使饮食产品更易被消费者所接受，这样的服务创意已经成为产品的一部分。在仿古宴中，古法的就餐仪式为游客带来了一种充满仪式感的体验，一些餐厅在用餐时会让客人穿上古代的服装，套用古代的用餐礼仪。也可以根据主题情境设计互动服务，并贯穿餐饮服务的整个过程。服务员是互动服务中最重要、最活跃的因素，其形象不仅是活动的视觉符号，而且是情感交流的重要载体。比如，"田园印象老食堂"以民国川西田园文化为主题特色，把董事长叫"大东家"、店长叫"大掌柜"、厨师叫"伙夫"、男服务员叫"小二"、女服务员叫"幺妹"、传菜的叫"跑堂"。特别是"鸣堂"服务更具特色，堂倌迎客与后厨一唱一和，老成都老腔调，让人瞬间"穿越"到民国时代。服务员使用地方方言给人以亲切感，如重庆的"游子回家"是以"家文化"为主题的餐厅，迎宾热情招呼"欢迎到家"，并敲响大锣，女服务员招呼"家人请坐""给家人上茶"。

（三）增值服务创意

用餐时的视听享受会成为饮食过程感受的一部分。在高端会所可能重现过去堂会式的餐饮形式，用餐的同时会有歌舞音乐表演，而表演内容是经过精心设计且与饮宴内容相关的。"歌舞伴餐"也是餐厅文化创意的重要方式，是建设特色文化标签、吸引旅游者进店消费的重要手段之一。歌舞伴餐最早源自宫廷餐饮，其形式多种多样，而我国最常见的是少数民族的歌舞伴餐，到现代则是酒吧音乐表演和餐厅驻唱成为主流形式。比如，成都的"大妙火锅"引进川剧变脸、北京的"邓丽君音乐主题餐厅"培训全职"爱君乐队"、上海的"鱼乐水产"师傅们上演飞鱼秀等。彝族的歌舞伴餐表演"跳菜"，即舞蹈着上菜，这是云南无量山、哀牢山彝族民间一种独特的上菜形式和宴宾时的最高礼仪，是一种历史悠久的，将舞蹈、音乐、杂技与饮食完美结合的传统上菜文化。特色表演的形式多种多样，然而，歌舞伴餐并不适合所有餐厅，因此餐厅在引进或创新歌舞伴餐时应当注意几点：第一，应当充分结合餐厅的主题文化和品牌定位，针对目标受众，选择既能让消费者感兴趣，又能凸显主题文化的表演；第二，需要从餐厅的结构和视觉上合理设计表演空间，优化选址，控制空间规模，切忌主次不分，甚至喧宾夺主；第三，餐厅的歌舞伴餐要"物超所值"，需合理安排表演时间，适度短缺是塑造"歌舞伴餐"价值的关键，一般以周末和节假日等客流密集时段为佳；第四，歌舞伴餐要考虑成本核算，其推出时机要以一定的流量为支撑，否则不但没有观众，甚至会得不偿失。比如，"大龙凤鸡煲"将传统的粤剧文化融入餐厅的经营中，除了餐厅装饰装潢呈现了浓浓的粤剧文化色彩外，餐厅的显示屏上还会播放无声的粤剧表演视频。到了人流密集的周末和节假日，与粤剧团合作上演粤剧，吸引了大量的旅游者，提升了餐厅的知名度和美誉度。

（四）送餐服务

适用于现代人工作环境的送餐服务成为未来创意的重点，目前我国的城市普遍向大都市方向发展，拥堵是城市痼疾，这使在写字楼工作的人们用餐不太方便。这部分人有较高的消费能力和文化消费的需要，目前市场上简陋的快餐不能满足这部分消费者的需要。另外，外出用餐既浪费时间也要花更多的钱，这导致了外送的自助餐将成为公司工作餐的主流。而普通快餐带来的餐后垃圾也是这些公司的一个负担，所以，专门的自助餐公司也就应运而生，为这些公司解决了用餐的问题，自助餐的设计与供应方式就是他们的创意产品。

第二节　文化创意与住宿融合发展

伴随着旅游消费的升级换代，旅游者住宿体验已经不仅仅局限于传统住宿的单一功能，而开始注重有特色、个性化的住宿消费场景。中国以星级饭店为代表的标准住宿已经不能满足旅游者住宿的个性化和全域化的需求，以文化创意为提升手段的文化主题酒店、民宿、客栈、帐篷等非标住宿开始取代星级饭店成为新的主流住宿业态，甚至成为新的旅游吸引物。便捷、舒适、安全的居住环境是住宿的基础需求，但消费者对住宿中文化创意空间的展示和时尚生活空间的体验也成为旅游活动中的别样追求。因此，只有更多、更深地融入本土的生活方式、生活场景和文化特色，才能在体验层次上缔造旅游者的精神生活空间，满足人们在住宿中体验到别样生活的需求。

一、文化创意住宿的价值

"文化创意＋"旅游住宿是指在保障消费者基本需要的基础之上，以住宿为载体选择一定的文化主题，增加文化创意内容，将主题文化融入住宿产品和服务中，形成一整套主题创意生活空间体系和服务体系。

（一）提供一种创意的生活方式

现代社会的工作与生活方式是快节奏、高压力，旅游住宿消费者需要通过追求独特的方法来排除孤独和压抑，彰显个性、释放自我和回归自我。文化创意住宿按照异质空间、艺术设计和生活品质的标准来营造文化创意居住空间，应在服务提供、体验细节上与旅游住宿期望表达的文化和思想融会贯通，建立一个能够共享的文化交流的平台，凝聚志同道合和有共同文化认同的伙伴，从而提供一种非惯常于同类人的创意生活方式，而这种生活方式因受到旅游者的喜爱，会引发重复消费行为，甚至其本身也可能成为旅游吸引物。

（二）提高住宿软实力

传统的旅游住宿主要依靠周边的旅游景区景点，或生产商务会议、会展等关联产品招徕旅游者，其经营过程与业绩对外部环境和资源的依赖性较强，易受外界环境变化的影响。文化创意住宿的产生将极大地改变这一格局，它依靠主题的地域文化或其他相关的文化开展文化创意生产，形成新的文化创意内容和新的吸引力。好的文化创意住宿，其新增文化创意产品的价值甚至超越已有的住宿价值。文化创意住宿甚至可以凭借自身独特的文化、氛围成为旅游吸引物，成为一种新型的旅游资源，从而吸引旅游者，带动当地旅游业的发展。如山东蓬莱的骑士酒店、海南的海洋酒店。因此，文化创意住宿相比其他类型的住宿形态更具吸引力和生命力。

（三）提供住宿发展新思路

对于传统标准化住宿而言，提高竞争力的核心是管理和服务。依托住宿提供服务关联产业也是住宿业在拓展增量业务，如景区酒店、会展酒店等，这是提高竞争力的增量思维方式。文化创意住宿也是一种住宿业发展的增量思维方式，而且这种增量方式是内生的，而不是寄生或伴生的。而且文化创意住宿的文化性与主题性受到经济因素的干扰较小，因此抗风险能力更强，为处于激烈竞争态势下的旅游业的发展提供了新的思路，拓宽了住宿业发展的新空间。

二、文化创意住宿类型

（一）文化主题酒店

文化主题酒店是指在酒店的建筑风格、景观设计、酒店装修和内饰，以及在酒店的管理、经营活动和服务提供中，通过文化创意的手法体现出某一特定的文化主题及特定的文化氛围，把无形的精神文化物化和活化，让旅游者在居住的同时获取富有个性的文化体验，并以创意化的个性服务为旅游者提供独特的体验。

1. 文化主题酒店内涵

文化主题酒店以文化差异性形成产品的独特性和文化竞争力，推动酒店业的可持续发展。文化主题酒店的核心是主题文化的创意生产与加工，需要深化和细分酒店文化主题的内涵和外延来满足旅游者的个性化需求。文化主题酒店既需要满足大众基本的居住功能，还要满足文化爱好者这一细分市场的个性化需求，因此难以形成标准化和规模化。反过来，文化爱好者的追逐或者良好的文化体验会进一步刺激大众市场对文化主题酒店的关注和需求。此外，一个成功的主题酒店不仅需要适应市场需求，根植于本土文化，也需要实现酒店与相关产业的整合与发展，创造更大的社会经济价值。

2. 文化主题酒店的特征

（1）文化性

任何一个文化主题酒店都是围绕文化挖掘主题素材、生产文化符号和元素的，并贯穿在酒店管理与经营理念、酒店文化、人文精神、特色经营等物质与精神维度，形成整体的文化创意场景和文化氛围。

（2）主题性

主题选择是营造独特卖点和品牌塑造的关键，这就要求文化主题酒店在主题选择和设计上做到"人无我有，人有我优，人优我特，人特我奇"，从而防止主题创意被复制和超越，才能在众多类型的酒店行业中保持动态的竞争优势。

（3）体验性

主题体验性是文化主题酒店成功的关键，也是主题是否能被旅游者接受、消费的唯一途径。因此，无论是什么样的文化主题酒店，主题定位是前提，但其核心任务是文化创意内容的生产，并形成多器官体验性的文化主题产品，能够被旅游者消费从而创造顾客价值。

文化主题酒店分为以下几种类型，如表 3-2-1 所示。

表 3-2-1　文化主题酒店的类型

主题分类	主题素材	相关案例
传统文化主题酒店	该类主题酒店以中国传统文化为基本素材，并融入与主题相关的服务	新绛七修酒店（中国传统文化儒、释、道、医、武主题）、尼山书院（临家文化主题）
数码文化主题酒店	该类主题酒店以信息技术文化创意为手段，设施设备科技含量和文化含量较高，设计较为现代新颖	苏州 HOTEL ONE、机器人酒店
城市文化主题酒店	该类主题酒店以某一城市特色文化作为主题背景，使得酒店客人能了解并体验到该城市的特色风貌及人文气息	成都城市名人酒店（城市主题）、深圳威尼斯酒店（意大利威尼斯主题）
名人文化主题酒店	该类主题酒店以某个名人作为主题	北京极栈《好莱坞影星梦露主题》
生态文化主题酒店	该类主题酒店主要将某种自然风光以及展示人与自然湘楚文化为主题（如海洋、草原、沙漠、雪山等）	深圳华侨城瀑布酒店（海洋主题）、森林酒店
历史文化主题酒店	该系列主题酒店以历史文化的展示和再现，让客人了解该类文化的历史沉淀	上海英迪格酒店（旧上海主题）

3. 文化主题酒店设计

　　文化主题酒店具有特定文化主题，它以特色文化为内涵，通过建筑风格、装修艺术和文化氛围、特色服务及特色饮食给游客带来与一般酒店不同的文化体验和现代服务的享受和快乐。因此，它在设计上应当遵循一定的原则。

　　（1）主题优先原则

　　文化主题酒店在于突出对文化的体验，同时还要强调文化主题酒店与特色酒店的不同，特色酒店关注的是与众不同的"特色"，而主题酒店主要强调的是文化主题，它与一般酒店的不同主要体现在文化上；特色酒店可以是客房设施和服务风格上的特色，而文化主题酒店则强调文化的优先性，为人们的休闲和旅游提供一种文化氛围，并凸显出当地文化的某一方面特色；特色酒店有顺应市场需求的特点，因此很容易被效仿和复制，而主题文化酒店是一种文化与酒店的结合，它往往是唯一的，因而也是更有生命力的。主题定位决定了文化形态与素材的选择，以及酒店未来的经营、管理和服务等一系列工作，因此主题优先于其他工作，是文化主题酒店建设的前置工作。主题的选择一方面要扎根酒店所处的地域文化和社会人文环境，另一方面也要进行主题文化创意设计，并通过主题测试和主题推演，符合未来市场需求。如果植入外来文化或者想象文化，就需要不断地丰富文化内涵，动态调整文化创意产品。

（2）主题强化原则

文化主题酒店在进行空间布局和环境氛围营造时，从有形到无形的各种要素或符号都必须突出并统一于某一特定的文化主题，并形成一个整体，彼此之间和谐一致。在酒店的风貌设计和建筑语言上都必须与主题文化相吻合，在大堂布置、文化标志、纪念物选择，以及室内装饰等层面都要体现出主题文化的要求，不能形成有巨大反差的环境。酒店在企业文化、企业精神、服务行为、工作服饰、言谈举止、服务方式上都要与文化主题相一致，在各个层面不断聚焦主题和强化主题，最终形成主题品牌。

（3）文化意境原则

健康和先进的文化不仅能够满足人们的感官需求，同时还能反映出积极向上的精神文化诉求，体现以真、善、美为内核的高雅文化，给人们提供一种内在的文化体验、心理治疗和精神洗礼，形成超越现实的文化意境体验和心灵净化。这就要求酒店的文化主题通过与主题相关文化创意、科技创意和雕塑、绘画、音乐等艺术加工形成酒店的特有风格，给人带来文化上的提升和精神文化上的升华。主题文化绝不是一种低俗或媚俗的文化，低俗或媚俗的文化固然能对人们形成视觉上冲击，但不能给人们带来心灵的净化和道德的改善，相反，会让旅游者的审美趣味变得低级。因此对旅游文化和社会道德产生负面影响，不被法律和社会所接受，难以在消费者心中产生共鸣。

（4）扎根地方原则

我国地域广阔，各地在山水风情、生活习惯和文化风格方面也各有自己的特色，文化主题酒店的设计和服务也应当与地方特色统一起来，把当地的自然山水和历史文化凝练到其中。这就可以给人们提供一个想象的空间，以使人们在与其他地方的比较中，对地方特色的文化有更深刻的理解。文化主题酒店的设计、管理、经营和服务应该植根于地方文化，包括地域生态文化、历史文化和人文社会风情，挖掘提炼地方的自然山水和历史文化的内涵，并通过创意的方式体现在酒店各个方面。这就需要把下层面的文化与精神通过创意形成上层面的感官表达或情景体验，既要把它用哲理化的文字语言抽象地表达出来，又要把这些抽象的文化内涵表象化和具象化，使之可感知、可表达、可传播、可体验和可消费。因此，主题文化植根地方，体现地方神韵，既有利于培养酒店所在社区的文化自信，也有利于形成酒店独特的品牌个性。

（二）文化创意民宿

民宿不应该只是提供住宿的地方，而应该是一种结合文化创意并且是以知识经济为基础、以永续发展为目标的创意生活产业。民宿重在提供一种具有文创气质的非城市化居住与生活空间，既是一种经营，也是一种生活，更是一种艺术。它通过环境、活动及"衍生产品/服务"的巧妙设计，不仅给旅游者带来绿色生活体验，更提供了一种充满情趣的文化或文艺生活感觉与氛围，让旅游者感受到放松身心、返璞归真的非传统的住宿体验。

1. 文化创意民宿特征

（1）民宿是一个文艺生活空间

文化创意民宿其实是推广创意生活的最佳场所，它所处位置大多是创意园区、艺术村、工艺村等文化氛围相对浓厚的区域，并且融入了区域的特色文化内涵。因此，民宿的核心竞争力不在于物质层面，而在于"文化美感""生活哲学""生命意境"这样的精神层次。

（2）民宿是一个创意空间

文化创意民宿重在以细节打动人心，文化创意融入民宿装饰设计、经营理念、体验互动、商品开发等各层面和各环节，处处体现设计者的巧思与创意。民宿的外观设计、空间分布、室内装饰、氛围营造等都要体现文化性、创意性、独特性和艺术性，是美感、创意、文化相结合的完美表达。

（3）民宿是一个创客空间

民宿经营需要民宿主人和经营者具有一定的文化追求和文化抱负，在文化艺术、设计层面有一定的文化素养和专业知识，才能为艺术家们提供优良的创作空间，才有可能生产和提供文化创意民宿产品。事实上，每个优质的民宿主人都是生活的艺术家，而民宿的经营者团队就是一个艺术团队，他们真正的目的是推广文化传播和生活方式，而不是简单地提供住宿经营、管理与服务。

2. 文化创意民宿设计

（1）继承与创新

民宿应遵循"在继承中创新，在创新中继承"的辩证设计理念。首先要了解当地乡镇居民原始建筑的特色和城市民宿的文化特质，在保留原有建筑特色和空间肌理的基础上加以文化创意，既要保留其原始文化底蕴，又要融入新的文化创意内容，满足当代旅游者对民宿的文化需求。其次是民宿的设计要真正地融入当地的自然、社会和人文环境中，并且能够真正地体现当代健康、先进和时尚的生活文化、社会习俗、道德伦理与价值取向等，推动民宿社区环境的有机更新。

（2）创意主题文化空间

文化民宿设计的目标是营造主题文化氛围，形成具有地域特色的整体文化风格。它需要总结提炼出具有代表性的主题文化元素，并从社会风俗、生活习惯、服饰特色、语言文字及遗址遗迹等层面来创意设计民宿室内主题文化空间，如民宿室内灯具及装饰品设计要能代表村落文化。在此基础上，将这些元素同时运用到民宿的建筑风貌以及室外空间表达中，使旅游者从室内和室外两个层面感受到强烈的民宿主题文化氛围。

（3）营造自然的室内空间

民宿首先要在室内空间上满足内部的使用功能，同时还要考虑其自然环境格局和社会文化格局，以及民宿整体空间给旅游者带来的视觉感应和身心体验。因此在设计室内空间时首先要考虑民宿坐落的地理位置，选择正确的房间朝向，同时加大室内透光面积，增加采光量。室内人工的光源是不能代替自然光源的，因此应减少一些不必要的隔断，让光源能够大面积地进入室内。其次，要考虑室内空气的流通，设计时要尽量保证路径畅通，适当减少不必要的隔断。需要有隔断的地方，尽量采用镂空或者能移动的隔断。再次，在对室内装饰装修材料的选择上，要体现乡村自然原生态的气息，用没有经过多余加工的自然原生材料。最后，在配色层面，要尽量避免选用过于鲜艳的颜色，应选用比较柔和的色彩搭配，但是也要结合当地的文化特色。

（4）讲好房东故事

民宿主人和经营团队是构建个性化民宿的重要创意来源。随着民宿发展日渐壮大，竞争压力增大，传统的、没有人文气息的标准化的民宿设计已经不能达到旅游者的要求，而把能显示出主人的个人特征和审美融入民宿设计中，不仅能够实现民宿的个性化设计，给旅游者留下深刻的印象并带来独特的体验，还能吸引真正志同道合的旅游者，发展民宿粉丝圈。因此，在民宿个性化设计时，需要将民宿业主的审美、性格特征、爱好等有机结合，把民宿业主和团队的创业故事和人生经历融入设计，形成更具个性化的民宿。

（5）构建民宿生活生产圈

在设计民宿时，不能只局限于对民宿的建筑外观及民宿内部空间的设计，还应该有对民宿游憩产品与产业链的设计。应充分利用传统村落特色的民俗文化、风俗习惯等，创新体验方式。比如，设计村落传统手工艺流程体验，让旅游者在居住期间体验制作传统手工艺品的乐趣，学习传统技艺，感受或培养工匠精神。民宿购物是民宿产业的惯常延伸方式，比如，有一家民宿的主人对枕头的制作非常有创意，专注于把枕头做得舒服又漂亮，所有住宿的客人都要求购买带走。最终使得枕头生意甚至超过了住宿和餐饮收入，成为民宿的主要盈利业务。客观上，基于民宿可以发展民宿餐饮、民宿演艺、民宿养生、民俗研学等，并带动当地社区生产和生活的发展，形成民宿游憩圈和民宿产业集聚区。

（三）文化科技创意酒店

人工智能让高科技产品不断走进人们的生活，既节约了人力成本，又为人们的生活带来了便利，也深刻地改变了人们的生活方式，提高了人们的生活质量。酒店是文化科技创意的领跑者，文化创意与高科技产品应用到酒店之中，改变了酒店与旅游者进行互动的方式，也会让旅游者的出行变得更加便捷，旅居生活变得更加丰富。2015 年移动互联网改善酒店的经营与管理；2018 年云技术广泛地影响着酒店的盈利方式和运营模式；2025 年机器人在酒店行业将普遍得到应用。未来只有建设具有文化科技创意的酒店产品，才能形成酒店的竞争优势。

1. 文化科技助推酒店中高端化

文化科技创意融合是酒店业发展新趋势，未来酒店客人更乐意消费这种前沿而富有文化创意的酒店产品。文化科技创意不但会影响酒店消费的内容，还会互联酒店经营管理与消费的各要素，贯穿酒店生产与消费的各环节，从而整体提高酒店的经营管理水平。酒店智能客房不仅能让酒店管理系统更为严谨科学、节能环保，更是能联通智慧酒店的各个环节，从预订、支付、微信开门、取电、开关窗帘等消费流程体验，让客人的入住体验更加舒适便捷。客房娱乐、客房大堂表演联机设备等，让客人享受到更加具有趣味性、更加多元化的入住体验。我国新的《旅游饭店星级的划分与评定》标准，更是针对客房的智能化、人性化、舒适度、绿色节能提出了更高的要求。

2. 文化科技创意提高酒店服务品质

酒店行业一直秉承"以人为本"的管理理念，以客户需求为核心，以优化服务体验流程为己任，而文化科技创意与酒店体验服务的结合，可以孵化"新服务"业态，让住客花更少的钱获取更好的硬件体验。文化创意、前沿技术和数据驱动型定制化服务能够为客户提供更加个性化的定制服务，深入挖掘消费者渴望释放情绪的内心需求，让酒店体验与服务更优质，进而促进消费者的重复消费。比如，在客房设置一键式操控系统、KTV嗨歌设备、优质智能音箱、大堂客房联机系统等充满科技元素的设施，能极大地优化酒店夜生活，激发酒店夜经济。

3. 文化科技创意塑造酒店个性

文化、科技和创意是营造酒店个性的三种基本方式，文化代表过去，科技代表未来，因而文化、创意、科技三者融合可以多维度地实现酒店深度、动态的差异化、个性化发展，为酒店营造持久的独特卖点，塑造独特品牌。这将提高酒店的吸引力和竞争力，为其管理运营带来更高的效率、更低的成本，进而降低消费者的消费门槛，获得更大的客源市场。比如，长崎的海茵娜酒店被称为"世界上第一个机器人酒店"，从接待员到侍者到礼宾都是机器人。在接待台后面站着三个机器人，一个人形女孩，一个看起来是很危险的机器人恐龙，戴着帽子，身子弓着，另外一台则是一个小机器人。多语种机器人向客人解释该如何办理入住和退房手续。机器人搬运工处理行李并将其直接带到房间，而在衣帽间，机器人手臂为客人存放行李。酒店房门没有钥匙，而是通过面部识别工具为客人开门。在房间内，一个小型的郁金香形态的机器人坐在床头柜上，负责在住宿期间陪伴客人，可以打开或关闭灯光，查找天气预报，并设置早晨警报。

当然，酒店在大量使用人工智能的同时也应考虑新的酒店工作岗位与就业问题。波士顿大学的一项研究表明，每增加 1 名机器人，最多可导致 6 名工人失去工作，工资下降 3/4。该研究还发现，1990—2007 年，多达 67 万美国人因为机器人失去了工作。另一项研究提出了一个更令人不寒而栗的结论，在未来 15 年内，超过 1 000 万英国工人将被机器人取代。因此，科技是一把双刃剑，人类需要从宏观角度思考并规划人工智能所创造的价值应如何分配并造福全体人类，而不是成为技术垄断者的盛宴；同样要考虑和规划因人工智能所创造的人类休闲时间价值如何分配和安排，而不是造成大量的失业。

第三节　文化创意与交通融合发展

随着旅游的发展，人们越来越注重旅游交通的新奇感和附加在交通之上的特别旅游体验。作为旅游六要素之一的交通，通过融入文化创意元素，可以实现交通、文化和旅游的融合发展。而文化创意与交通的融合既涉及与交通道路层面的融合，又涉及与交通工具的融合。

一、旅游交通道路文化创意

（一）古道文化创意旅游

古道是中国历史上重要的商贸通道，是中国宝贵的线性文化遗产，也是中华优秀传统文化的重要脉络与载体。国务院《关于实施中华优秀传统文化传承发展工程的意见》中明确提出保护传承文化遗产、滋养文艺创作、融入生产生活、加大宣传教育力度、推动中外文化交流互鉴等几点意见。中国古道文化创意旅游可基于古道区域内的物质和非物质文化遗产，充分利用科技和互联网的技术手段，将国内外优秀的创意设计力量与古道文化资源进行无缝对接，创作出一系列兼具创意性与实用性的文化创意商品、项目和活动。我国是世界上古道资源最丰富的国家，包括陆上丝绸之路、海上丝绸之路、茶马古道、秦直道、蜀道、民族商道等。古道文化创意旅游的最大特征在于它既具有交通历史遗产价值，又具有明确的空间载体，具备开发成线性景区或线性旅游廊道旅游产品的潜力。因此，其核心价值在于特定的文化内涵和明确的空间表达。比如，马帮铃声曾就是茶马古道上的一道独特风景，现在也已发展成为丽江古城最具代表性的旅游景观之一。古道文化创意旅游业态有古道旅游景区，如鄂尔多斯的秦直道景区；有古道旅游线路或古道徒步旅游线路，如延庆的"开往春天的列车"；有古道文化节事，如丝路论坛；有古道旅游商品，比如，丽江开发了由马帮铃声演变而来的铃铛类旅游纪念品，通过创意凸显出茶马古道历史文化的重要意义。交通史是历史的浓缩，对我国而言，发展古道旅游有利于梳理、保护和传承我国悠久的历史和灿烂的文明，通过宣传古道文化遗产，建设古道历史文化创意旅游品牌，能够将古道文化所承载的历史价值、文化遗产和民族精神价值传递下去，并发扬光大。

（二）现代交通文化创意旅游

交通是旅游的三大要素之一，也是旅游的三大支柱产业之一。人类在修路、建桥、建隧道之初首先考虑的是交通运输的安全、实用等基本功能，但是随着人们生活水平和人类改造世界能力的提高，人们对道路、桥梁、隧道等现代交通有了审美、教育和体验的需求。特别是随着时代的变化和科学技术的进步，现代交通道路也越来越具有文化感、创意感、现代感和科技感，交通工程本身就成为一道靓丽的交通景观，并能够为人们带来不一样的旅游体验。比如，我国现代桥梁设计具有强烈的时代特征，它既能够包容传统文化的内涵，又能够反映现代技术的美学，还力求做到将生态环境、人文景观与构造物本身的设计紧密结合起来，使其成为社会、经济、科技、文化需求和水平的集合体现，创造出了有中国特色的桥梁景观系统。因此，我国道路、桥梁、隧道等现代交通景观已经成为我国重要的新生旅游资源。现代交通旅游景观相对比较容易转化为旅游产品，主要基于三个原因：一是现代交通本身具有旅游吸引力；二是现代交通，特别是快速交通（如高铁和动车线路等）本身就自带客流量，只需要通过营销提高乘客的旅游转化率；三是交通线路具有串联功能，能够成为沿线旅游资源开发的天然整合平台。现代交通文化创意旅游的业态层出不穷，包括交通景观景区，如云南的世界第一高桥、重庆的洪崖洞、秦岭隧道等均成为游客心目中的向往；旅游风景道，如赤水到茅台的旅游风景道、318 国道等；最美高铁线，如东北最美高铁；以及纯粹的交通旅游产品，如玻璃栈道、摇晃桥等。

二、旅游交通工具的文化创意旅游

（一）城市轨道交通文化创意

城市轨道交通在城市，尤其是一线城市中发展迅速，城市轨道交通网已成为城区人群流通的主要媒介。城市轨道交通已不再是单纯意义上的交通工具，而是城市文化意识形态和精神文化的一种彰显，逐渐发展成为城市文化创意空间和旅游空间的重要载体。文化创意旅游越来越成为城市轨道交通发展的重点内容，它一方面能够满足乘客的精神需求，建立城市轨道交通与乘客之间的情感联系纽带，使城市轨道交通更具亲和力，更好地宣传城市轨道交通，减少城市轨道突发事件，培养秩序文化，构建和谐轨道交通。另一方面能产生一定规模的旅游经济效益，反哺城市轨道交通的建设和运营工作，降低运营成本。

城市轨道文化创意源于广大市民对轨道交通的建筑设计、环境营造、客运服务、运行车辆、标志标识等各类轨道交通文化元素的心理感知和价值认同。因此，要使城市轨道交通文化创意满足受众心理诉求，就必须提供蕴含轨道交通文化的精神文化产品和情感服务。旅游是这种精神文化产品和情感服务的消费方式和实现途径。城市轨道交通文化创意旅游就是以一定的规范、标准为指导，对轨道交通进行创意设计生产、创意服务，它融合艺术、文化、数字、科技等多种价值元素，并能够为旅游者提供直接消费和深度体验。一般是在城市轨道交通企业以某种特有权利或技术知识等非实物经济资源的支持或授权下完成的，保证了城市轨道交通文化创意产品的权威性和规范性。从国内外城市轨道交通文化创意产品的发行情况来看，从城市轨道文化创意的内容和表现载体形式的角度，可将城市轨道交通文化创意产品分为三类。

第一类是文化创意商品类，分为票卡类、纪念品类、出版类、影视动漫类四种。其中，票卡类包括开通纪念票卡、生肖类纪念票卡、其他主题类纪念票卡和各类轨道交通票据等；纪念品类由轨道交通车模、轨道交通纪念饰品以及其他植入轨道交通元素的多种形式纪念品组成；出版类以邮票、邮册、纪念册、图书杂志出版物为主要产品；影视动漫类是指植入轨道交通元素的影视、动漫节目以及电子游戏产品。

第二类是地铁站公共艺术空间，也是游客集散的公共空间。它具有城市地面流通空间不能替代的特性：第一，地铁自带客流量，而且这种客流量具有典型的潮汐特征，深入分析客群需求及其行为特征，可以满足、诱发并嵌入有效的旅游消费空间。第二，流动人群视野相对集中，即不同于地面受外界景物的多重干扰，很容易形成视觉消费和深度体验。第三，空间形态基本一致，属于封闭型的空间，主要以满足上下车人群流通的功能为主。城市轨道交通地铁站的环境主体功能，体现在文化创意旅游展示城市文化，宣传城市精神，彰显城市魅力；体现在展示轨道交通文化和轨道交通企业文化，从而凸显其独特的环境设计理念和鲜明的地域个性，并将产生良好的社会声誉和国际影响。城市地铁公共艺术空间的设计离不开环境，融于城市环境才能创造出具有地方特色的建筑。其文化创意一方面要依托实体环境，从实体环境出发；另一方面又要将实体环境艺术化，以创造出某种艺术氛围或艺术境界，从而实现地铁建筑的实用功能与审美功能统一。地铁文化是城市文化的反映，在世界各地 140 多个地铁系统中，多数地铁都被视为所在城市的象征。地铁车站建筑的地域文化特点不仅体现在因地制宜，使建筑符合当地的自然地理条件，而且还要符合城市的社会、经济、文化状况。这种地域特色不仅表现在建筑形式上，还表现在其空间布局、建筑构建、装饰材料、色彩、技艺、工艺、雕塑、绘画等方面，蕴含城市哲学思想、民族、习俗、信仰、建筑科学等文化内涵。比如，莫斯科地铁于 1935 年 5 月 15 日开放运行，是莫斯科最大的交通运输系统，按运营路线长度排名为全球第五大地铁系统，按年客流量排名为全球第四繁忙的地铁系统。俄罗斯每一座地铁站都有着独特的造型和风格，典雅华丽，值得探寻，享有"地下的艺术殿堂"之美称，被公认为世界上最漂亮的地铁，是建筑和装饰的奇迹，也是游客们最爱的游览地。巴黎地铁也是当地市民的骄傲，几乎每座地铁站都有"艺术范儿"，流连其间，令人感叹。

第三类就是利用地铁空间开展博物展览、购物与娱乐休闲活动。比如，可以建设轨道交通博物馆、陈列城市特色旅游商品购物柜等。

（二）特色交通文化创意旅游

特色化的交通体验历来就是旅游目的地最具特色的旅游产品之一，随着科技水平的提高，特色化的交通体验甚至成为主流产品和新的旅游经济增长点。特色交通文化创意旅游的业态主要分为两类：第一类是兼具交通与旅游双重功能；第二类则是已经摆脱了交通功能，变成了纯粹的旅游产品。从交通方式来看，可以分为以下几种业态。

1. 观光体验业态

传统的牛车、马车、黄包车等特色交通方式，既具有交通功能，也具有观光交通体验功能。而玻璃桥、玻璃栈道、玻璃观景平台等已经完全或部分摆脱了交通功能，成为新兴的旅游景点项目，提升了观光型旅游景区的娱乐功能，深化了旅游者的观光体验内容，形成了新的旅游吸引力。如在东太行景区，有一座玻璃栈道，旅游者在玻璃栈道上行走时可以体验到运用先进科技而产生的"碎裂"效果。本来玻璃栈道只是作为景区的吸引物而存在，但"碎裂"效果却突破了交通的传统功能，使之具有创意。张家界大峡谷玻璃桥，又名"云天渡"，是国内著名的景观桥梁，兼具景区行人通行、游览、蹦极、溜索、T台等功能。

2. 交通科技娱乐业态

交通科技娱乐业态已经完全摆脱了交通功能，它以交通为原型和载体，以文化创意和交通科技为手段，人为地创造了交通娱乐旅游新业态。比如，上海迪士尼的"创极速光轮"具有充满科技感的外观，以未来文化为内涵，将速度与惊险完美结合，是全球迪士尼乐园里最紧张刺激的过山车项目之一。旅游者乘坐两轮光轮摩托飞驰在轨道上，高速进入由多彩灯光、投影和音效营造出的"明日世界"，炫酷的蓝绿光条不断闪亮，科技感十足。

3. 低空旅游业态

低空旅游具有交通、体育竞技和空中观光等多重功能，由于提供了一个从空中观赏的宏大而独特的视角而深受旅游者的喜爱。低空旅游的主要业态有直升机、汽艇、热气球、滑翔伞等。低空旅游的文化创意可以体现在机体彩绘中，也可以反映在体控游览的内容里。近年来，低空旅游成为国内旅游投资的新热点，各地依托景区、城镇开发连接旅游景区、运动基地、特色小镇的低空旅游线路，开展航空体验、航空运动等多种形式的低空旅游。目前，全国通用航空旅游示范基地共有 16 个。我国低空旅游需求量大，但发展较为缓慢，主要是因为低空旅游安全、低空旅游政策和低空旅游制造等方面的问题。在国外，低空旅游发展较为成熟，特别是低空旅游制造业比较发达。比如，土耳其的卡帕多西亚的格雷梅号称是世界上乘热气球最美的地方之一。满天漂浮的五彩斑斓的热气球，掠过仿佛是外星球的大地。当地热气球公司以 Butterfly Ballons、Royal Ballons 和 Voyager Ballons 为代表，可做到使热气球飞行一个小时。

4. 水上交通休闲业态

水上交通休闲业态是以亲水娱乐休闲和水上运动为主题，以船、艇、竹筏等为载体的特色交通旅游产品，具有观赏性、刺激性和娱乐性，深受广大旅游者喜爱，主要包括水上交通观光、水上交通运动或竞技、水上休闲与度假等业态。水上交通休闲或娱乐业态的文化创意既可以体现在交通工具的外形上，也可以体现在水上交通旅游的内容里。水上交通休闲业态也部分或者完全丧失了交通功能。比如，桂林漓江的游船的外观被赋予了当地建筑与文化的特色，既具有交通功能，又具有游览功能。还有的水上交通则蜕变成了纯粹的旅游项目。比如，在极限运动天堂皇后镇，Shotover Jet 公司因提供世界最刺激的喷射快艇而蜚声全球。快艇高速穿过 Shotover 河的各个急流转弯，紧贴着岩石壁做各种特技表演，在时速 85 千米的高速状态下做 360° 转圈，而邮轮则主要是实现水上休闲与度假活动。天津、上海、广州、深圳、厦门、青岛等地开始开展邮轮旅游，长江流域等江河、湖泊等内河游轮旅游也开始开启。

5. 城市旅游巴士

流动的城市公交不仅便利了人们的出行，同时也是天然的传播平台。它将形形色色的人群短暂地会聚在一起，形成了一个文化交流和信息共享的公共空间。尽管不是所有人都看电视、读报纸或者上网，但是任何人只要离开家就会看到公交车、公交场站、公交站台、公交站牌、公交广告等，公交是城市流动的风景线，如果把文化创意和城市公交结合起来，充分利用城市公交这块传播阵地，紧跟潮流，创新设计，那么文化创意便有了实践载体，城市公交便有了文化品位，我们必然能够更好地改善城市环境，建设美丽中国。将文化创意引入城市公交，既是市民审美需要、精神需要升级的发展趋势，也是充分发挥文化力量改善城市人居环境的有力法宝。作为社会公益事业的城市公交，在努力保证交通出行功能的基础上，有效利用自身独特的传播平台，对公交场站、公交站台、公交车厢进行文化创意，不断扩展娱乐功能、休闲功能、道德教育功能，就能够更好地提供公共服务，吸引人们选择绿色出行。比如，在北京、苏州、济南等古城，仿古式公交站台蔚然成风。另外，公交站台上的地方味儿也越来越浓，即使远在新疆的库车县，各主要路段的公交站台也都相继"大变脸"。一些企业广告纷纷下撤，换之以时尚、活泼的漫画。这些站台漫画以展现龟兹文化为主题，分龟兹文化常识、龟兹乐器、龟兹歌舞、龟兹历史人物、龟兹诗词、龟兹历史传说六大部，共分百余幅漫画。

第四节　文化创意与景区融合发展

在全域旅游时代，景区门票价格降低或免费将成为未来景区的发展趋势，二次乃至多次消费的发展模式将成为必然，景区盈利点必将转向旅游产品品质化、旅游文化内涵化和景区文化创意产品多元化等环节。因此，景区发展将注重与文化创意产业的互动，塑造特色和差异，提高竞争力和影响力，用文化创意激活景区旅游资源潜在价值，创造需求，延长生命周期。

一、景区文化创意

景区文化的内在是一种文化的意蕴和文化的主题，具有独特的文化品牌价值，而外在的主题形象与主题产品，具有独特的景观和独特产品体验功能。景区的文化内涵在旅游景区中的地位和作用越来越突出，因为旅游者越来越乐于参与到有趣味、有感受、有价值的旅游活动中。景区一旦拥有了富有市场影响力的文化主题，其空间布局、景观塑造、产品设计及产业布局就有了文化灵魂和发展的战略方向。经过日积月累的文化创意与沉淀，就会产生文化底蕴，凝铸为景区的文化灵魂，并彰显出景区的文化个性和气质，形成文化品牌，成为景区可持续发展的原动力。

（一）景区文化创意价值分析

当文化创意与景区相结合，景区文化不再是导游口中枯燥的导游讲解，文化赋予了景区新的活力。文化创意能够为景区创造内在的并且可以实现的价值，从而成为景区的核心卖点，吸引旅游者，并且这种文化旅游行为往往具有较高的重复率，创意旅游逐渐成为各地景区吸引游客的新形式。

1. 敬仰朝觐价值

景区，特别是自然型景区通过文化创意之后，会被赋予人类所崇拜和敬仰的元素，从而让游客产生崇高的敬意和强烈的精神震撼，并产生朝觐旅游行为。因此，文化创意景观的价值在于经过创意手段打造后所表达出的文化与精神内涵。所谓的"山不在高，有名则灵；水不在深，有龙则灵"就很好地表达了文化赋予景区的敬仰朝觐价值。比如，我国的南岳（衡山）因被赋予"寿文化"就吸引了大量的游客。

2. 体验娱乐价值

自然景区更多地体现了观光旅游的功能，而文化创意活动则更多地为旅游提供了丰富的体验娱乐功能，代表了景区文化提升与转型发展的方向。文化创意的体验娱乐价值特指游客通过旅游活动在理智与情感、主观与客观上认识、理解、感知和评判世界上的存在，让游客通过全感官体验来获取与众不同的旅游体验。景区主要是通过文化创意旅游活动或者主题乐园的形式来实现体验娱乐价值。古希腊哲人曾以"宙斯送来生命之火，余焰还在久久燃烧"描述震撼人心的狂欢节场面，而今已经逐步演变为丰富多彩的现代艺术节或旅游演艺，如我国的印象系列、宋城千古情等。

3. 愉悦审美价值

景区文化创意的愉悦价值指通过具有心灵共鸣的愉悦体验和文化审美活动，营造符合人内在渴望的梦幻场景、未来憧憬或者理想的生活意境。理论上，人类从童年到老年，内心想象有多丰富，文化创意开发的梦幻场景就有多丰富。其本质是人类想象的再现与分享，因此其创意空间是无限的。比如，迪士尼乐园是基于一种想象创意把米老鼠、唐老鸭、白雪公主等经典的动画角色转化为可感知、可交流、可共享的现实场景；而新天地、798园区、外滩18号等文化遗存则是把老艺术人记忆中的老厂房、老外滩和艺术情怀转化为角度立体、传承文脉、品牌独特的文化审美空间。

（二）景区文化创意原则

1. 差异化原则

文化创意产业的重要特点就是原创性所形成的差异性。当景区资源本身不具备高度差异化优势的时候，必须通过文化创意策划来塑造景区的差异化和景区个性，只有高度差异化、与众不同才有机会生存。文化底蕴和生活方式的差异性是旅游景区的独特灵魂，旅游者之所以会背起行囊、远离熟悉的故土前往异乡进行旅游活动，就是因为人类对新知的不断追求、对独特的旅游符号的渴望。没有创意就没有生意，没有震撼就只有遗憾。差异化的实现方式包括产品差异化、服务差异化、品牌差异化等，目的是做到"人无我有，人有我优，人优我特，人特我奇"，但现实中，很多景区开发不是"三板斧"（考察、学习、模仿）就是"三步走"（规划、设计、建设），景区开发过程总体缺乏文化创意，发展方式较为粗放。前者由于是以简单模仿为主，导致景区千景一格，失去了景区吸引力和市场的竞争力。后者则因为规划之前没有策划和市场测试，没有提供多方案决策，不清楚目标市场、核心吸引力和核心吸引物，导致景区产品与市场需求错位。因此，景区需要对最有价值的文化资源进行创造性策划，形成具有差异化的产品定位、核心吸引物和品牌形象。

2. 供需互动原则

一般来说，传统的经济学理论是需求决定供给，但对于文化创意景区则更多地表现为创意供给引导或诱发需求。自然景区是资源驱动型的，产品供给相对固定，很难创造新的需求，但景区文化创意产品的供给是不固定，是典型的多决策生产与供给，只要创意成功是可以创造新的需求的，从而驱动景区进入发展的新阶段。从市场的层面来看，旅游是一种注意力经济，这就需要能够制造媒体热点事件或者流行产品吸引大众眼球。依托热点事件和主流产品形成市场关注度，创造市场需求，聚集景区人气。这就需要大策划和大创意，在文化的策划、设计、开发阶段极限思考、穷尽所能并做到极致。只有通过奇创，才能创造奇迹。比如，景区文化创意产品的开发可以先围绕景区的文化创意品牌推出一系列核心产品，然后再根据市场反馈扩大产品生产线。这样就可以形成以文化创意品牌为核心，创意产品引爆市场，横向延伸产品线的景区文化创意市场化路径。

3. 文化转化原则

文化的无形性决定了文化转化是文化旅游化利用的必由之路，但并不是所有的文化都能够用来旅游化利用，因此景区文化资源不等于旅游资源，景区文化创意必须对遗迹、传说、风情等文化资源进行挖掘，深入了解和研究景区文化，找到最具开发价值的文化资源。通过文化创意、科技创意等手段将景区文化物化、活化或神化，才能把无形的、深奥的文化资源转化为旅游者可以消费的旅游产品或旅游活动。景区文化的物化可以通过景区环境营造、景区文化景观小品、景区文化创意旅游商品等方式来表现；景区文化的活化可以通过影视、动漫或景区活动来实现；景区文化的神化多涉及地方信仰、宗教文化或名人文化等，神化过程中要防止采用低俗、媚俗的方式。

（三）景区文化创意方法

旅游景区文化主题提升策略包括以下四种方式。

1. 文化探源，发掘核心价值

景区文化资源构成要素往往是综合的而不是单一的，包括历史遗迹、宗教文化遗址、民俗文化、经济文化遗址等，因此，在景区文化创意时需要对文化的起源进行追溯和梳理，选择核心文化形态或能够统领景区发展的文化形态，将景区拥有的文史、名人、传说、民俗等层面的核心价值充分发掘出来，并进行创意加工。景区文化的核心价值往往源自地方的原生态文化。因此，景区文化创意的重要任务就是挖掘和整理本区域、本地方的特色文化和历史底蕴，打造独特的旅游品牌和产品。

2. 文化萃取，提炼内在价值

景区文化特色是吸引旅游者的关键性因素，是景区发展的生命力和竞争力所在。景区文化的萃取其实就是立足于景区文化，去表存里，去外存内。萃取文化精华，而非以牺牲民族化、本土化、个性化为代价，只体现表面文化，应该在文化审美、文化悠久、文物规模、文化特色等层面对各个景区文化进行内涵分析，突出景区独有的区域优势和地方性，汲取最具垄断性的文化要素来展示和提升景区核心文化，塑造文化景观之"最"，有效提炼文化特色，塑造文化品牌。

3. 文化演绎，拓展使用价值

景区文化演绎就是通过文化活化、物化和神化等创意手段，把现有文化资源转化为旅游产品、旅游商品和旅游活动，满足游客旅游需求。景区文化的演艺需要植根文化内涵，拓展其原生价值，从多维的角度提炼景区文化内容、意象和象征意义，演绎文化意象，完成从静到动、从生硬到鲜活、从观光到参与体验的系列转变，形成可消费的旅游产品，从而丰富景区游览内容，提高景区文化含量，提升景区品位与档次，有效提升景区产品价值和旅游者体验价值。

4. 文化沉浸，创造体验价值

文化沉浸就是指景区文化与景区空间有机融合，景区生态环境和原生文化氛围协调一致，充分满足旅游者的文化和精神需求，符合甚至超过旅游者的心理预期，让旅游者达到忘我境界的一种旅游状态。文化沉浸带给旅游者的是一种对景区文化环境和文化氛围的整体感受，这种体验综合了美学价值、科学价值、文化价值、环境教育价值等多种价值。要想达到文化沉浸的旅游境界，景区应营造一种主题文化氛围，制造一流的景区环境，设计一种独特的服务体验场景，形成以参与、体验、游乐为内容的沉浸式情境化旅游意境，使旅游者在参与中达到身临其境、感同身受的效果，获得独特的、值得回忆的经历。

二、景区形象口号创意

旅游口号是传达旅游形象的有效工具，也是旅游营销策划的重要内容。景区形象宣传口号是景区形象品牌最为直接的表达，景区旅游口号的作用不仅限于创造景区旅游经济收入，更在于塑造景区特色、凝聚景区共识、形成景区精神、凸显景区魅力。景区旅游口号具有社会价值、经济价值和品牌资产价值，富有文化创意的口号将为景区带来巨大的无形资产。比如，好客山东、七彩云南等均具有百亿级的无形资产价值。良好的景区旅游口号在塑造景区整体形象、扩大景区的知名度和影响力、吸引游客等方面发挥着重要作用。

（一）形象口号设计原则

1. 文创特性

景区形象创意的对象是景区文化，塑造旅游形象的核心也是对景区文化内涵的表达与传播。创新、创意、特色才能吸引旅游者注意，景区通过文化创意把文化内涵包装成一个集地方性、文化特色和服务个性于一体的景区独特卖点，才会具有强烈的不可复制性，让旅游者从众多相似的信息中注意和感知到该景区。好的口号形象的冲击力能够激发旅游者的无限向往，形成市场感召力，塑造的景区形象也才会持久。景区形象口号的设计定位要与景区形象保持高度匹配，充分体现景区的形象特色，才能够更高水平地发挥形象口号的显著效应。形象口号比较忌讳的就是简单、附和、套用，这对景区的宣传贡献很小，反而为他人作嫁衣裳。

2. 市场导向

市场是旅游口号资产的试金石，是资产评估货币化的必然选择。景区的主题形象设计是为了吸引旅游者，这就需要考虑消费群体的构成及其出游动机。景区的主题形象设计及其宣传展示应对目标市场的潜在旅游者"投其所好"，并且确保游客期望与实际一致设置超过预期。在景区形象口号设计中应保持景区文化内涵的一致性和延续性，在此基础上根据市场需求可适当动态调整形象口号。

3. 易于传播与记忆

形象口号的受众对象是旅游者，其教育层次参差不齐，因此景区形象口号设计要好懂、好记，易于传播和记忆，不能故弄玄虚、故作深奥和自以为是。比如，西双版纳的旅游形象口号就是"幸福在哪里，西双版纳告诉您"。好的景区形象口号需要经过严格的市场测试方能实施，应力求避免"长官意志"。形象口号用词要准确且积极向上，要宣传美、升华美、创造美，不能去迎合部分旅游者的低俗心理而过于庸俗。

（二）形象口号设计方法

宣传口号的创意需要按照市场导向原则来进行设计，但也必须考虑资源禀赋，形象口号的设计需要基于资源禀赋按照市场导向的原则进行，这样宣传口号才会具有较好的稳定性和持续性。如果离开资源禀赋来进行形象口号设计，将会出现"无本之源"或者"文不对题"的结果。实践中，"基于资源"与"市场导向"并不矛盾：一方面，稀缺性资源型景区自然会引发市场需求；另一方面，资源禀赋构成了形象口号中稳定的部分，而市场导向则构成了形象口号中动态变化的部分，因此能够随着旅游者需求的变化而变化。这种类型的形象宣传口号在短期相对稳定，在未来具有可变性。

现象口号的创意方式主要有自我阐释、比较阐释、感情渲染、悬念吸引、类比、心理偏好、承诺等。一是自我阐释有白描、比喻、夸张等技巧与方法。比如，"天坛公园——天地日月"是一种白描的手法；"大同云冈石窟——塞外名城璀璨的明珠"是一种比喻的手法；"黑河五大连池——让大地动起来"是一种夸张的手法。二是比较阐释有领先、比附、衬托等技巧与方法。比如，"黄山——感受黄山，天下无山；桂林山水甲天下；庐山——品位名山，唯有庐山；武夷山——奇秀甲东南"是采用领先的创意方法；"西安大雁塔——不到大雁塔，不算到西安"采取的是衬托的创意方法。三是感情渲染创意方式。比如"桂林兴安县乐满地度假世界——中国欢乐之都；九寨沟——累了、给自己一个心灵的栖息地"。四是悬念吸引创意方式。比如，"天山天池——蟠桃熟了，我在天池等你；西溪湿地——留下西溪只为你；达拉特旗响沙湾——这里的沙子会唱歌，清明上河园——给我一天，还你千年"。五是类比创意方式。"天津盘山——早知有盘山，何必下江南；喀纳斯——天堂很远，喀纳斯很近；苏州乐园——迪士尼太远，去苏州乐园"。六是心理偏好创意方式。比如，"葡萄沟——火洲清凉世界；八达岭长城——不到长城非好汉，一生必到的 20 个景区"。

三、景区的文化创意知识产权

知识产权的保护对于文化创意产业的健康发展而言至关重要。随着文化产业的兴起，出现了很多富有创意的产品，但创意产品的知识产权也很难得到有力保护。在大量低成本山寨产品的竞争下，原创产品反而容易因为成本高昂、特点易被复制等失去市场。知识产权保护作为一种正当的竞争手段，应该普及于各领域的产品竞争中。文化创意产业中的知识产权保护必须深入社会生产的方方面面，使知识产权意识成为一种普遍共识。旅游景区不能再单纯地依靠门票经济，要想走出门票经济陷阱，需要挖掘景区二次乃至多次消费。因此，文化创意知识产权成为各景区发展的必然选择。

（一）文创知识产权内涵

景区文化创意知识产权是景区提高竞争力和实现可持续性发展的关键。知识产权（Intellectual Property，IP）指的是受版权、商标、设计权和专利法律保护，具有商业价值的知识、创意和人类思想的表达，包括品牌名、注册外观设计、艺术作品等。景区文化创意知识产权就是景区的核心文化竞争力，代表了景区的个性和稀缺性，可以塑造独特的景区形象和景区品牌，赋予景区生命力和品质内涵。景区文化创意知识产权是经过人为创意加工获得的成果，而不是加工的对象。比如，盗墓不是文化创意知识产权，而作者创作的《盗墓笔记》才是；熊猫不是文化创意知识产权，而作者创作的《功夫熊猫》才是。在《盗墓笔记》的基础上，获取知识产权所有权人（作者）授权，进行影视、主题公园、游戏、商品等领域的开发，就是知识产权的运营。因此，景区文化创意知识产权的运营其实是知识产权符号产品化和产品的产业化过程，即从一个有文化符号的产品逐步培育出的一个产业矩阵形态。比如，韩剧刚开始都是一个知识产权的形象，当形成了一个典型的符号产品之后，就开始迈入第二代产业，比如，拍影视剧、进行影视旅游。韩国以"韩流"文化输出为手段，提升了韩国国家形象，促进了入境旅游业的发展，独特的韩流文化吸引着大量的国际游客。依靠影视文化的力量，韩国积累了很多影视拍摄地，韩剧中的各个场景、拍摄地，以及剧中所呈现的韩国饮食、服饰、习俗等文化吸引了众多国际游客，还有许多追捧"韩流"娱乐文化的游客等。

（二）文创知识产权的市场转化

1. 寻找文化创意价值点

部分景区、景点的文化打造缺乏内涵和吸引力，只停留在概念上，而没有产生实际效益。而部分景区、景点通过深挖周边文化名人、热点文化事件、热播影视作品等文化 IP，不仅丰富了旅游景区的文化内涵，还吸引了网络上大批"自来水"，掀起了景区旅游高峰。因此，深挖文化 IP 不仅能够实现文化振兴、推动文化自信的需求，还是实现景区长远发展、效益提升的可行路径。一般来说，一个景区能够形成文化创意知识产权的素材或资源是丰富的，但并不是所有素材或资源都适合用来进行知识产权的开发，而需要因时、因地、因人选择最有价值的文化创意对象。一般通过旅游景区的独特文化识别物或标志物来寻找景区文化知识产权的文化创意价值点时，最好寻找生命周期长、可以成功进行旅游转化的知识产权，并结合契合现代精神和语境的合理想象与创新，才能起到事半功倍的效果。比如，北京故宫非常重视知识产权产业的发展，通过皇家文化、传世珍宝和顶级宫殿等文化创意资源使旅游文化创意商品朝着"萌、呆、嗨"发展，让古代的文化资源契合现代消费者的心理诉求，激发了巨大的旅游消费市场。而迪士尼则将知识产权引入到商品、游乐设施和其他周边产品，最终是盈利目标。

2. 寻找市场的爆发点

好的文化创意价值点会激发一个庞大的潜在客源市场，但它不一定能够直接或者马上转化为市场关注的焦点，这就需要寻找市场的突破点和兴奋点来引爆这一潜在客源市场。这种突破点或兴奋点可以是一个热点事件、一个关键人物、一场活动，抑或一个传说。比如，丽江市场的火爆与宣科有关，乌镇是因为茅盾，凤凰是因为沈从文，博鳌是因为博鳌论坛。而海南亚龙湾的热带天堂公园由于拍摄了《非诚勿扰2》，使很多旅游者都想要走一走电影场景里面的吊桥，看一看他们展示的鸟巢酒店的房间。

3. 培养景区粉丝圈

培育景区粉丝圈是为了提高旅游景区的人气，而人气具有"滚雪球效应"，人气的高涨所引致的口碑效应必定会吸引更多旅游者前来，就如人们选择吃饭的餐馆时都不愿意选择没有人气的餐馆。粉丝圈的培养需要了解旅游者在想什么，再有针对性地提供产品、服务和活动，并通过线上线下的互联网活动，在社交圈进行口碑传播，最终实现用户的粉丝角色转换——在旅行途中跟用户发生接触，从陌生人发展成关注者，从关注者变成旅游者，从旅游者变成重复旅游者，从重复旅游者变成景区粉丝，甚至可以从核心用户发展成分销商。而景区就可以和旅行社形成长期合作，培养忠实客户。比如，广东增城会给重复旅游者颁发休闲市民证。国产动画电影《大鱼海棠》中多次出现的以福建土楼为原型创作的具有浓浓中国风的村落，吸引了大量旅游者，形成了较高的人气。随后，经营方以福建土楼为核心的相关旅游产品在许多旅游网站迅速上线，"福建土楼一日游"产品预订环比增长200%～240%，从而快速实现了滚雪球效应，并把部分游客转化为粉丝。

4. 营造参与体验消费场景

文化IP要突出互动性。一个好的文化IP必定是一个有活力的IP，在打造文化IP时，要注重时代性和互动性，要让游客的体验融入文化IP的内涵中去，让文化IP越来越鲜活、越来越丰富，游客的美好体验和各类媒体平台的传播能够为文化IP增添新的魅力。景区通过文化创意知识产权引爆市场，并培育一定规模的粉丝之后，重点需要转移到为旅游者提供极致的体验，旅游者都能身临其境，获得畅爽体验。参与感和体验性的提升可以进一步巩固人气指数，同时提高景区粉丝的忠诚度，从而延续旅游景区知识产权的生命力。比如，埃尔顿塔彩色乐园经久不衰的知识产权有凯蒂猫（Hello Kitty），包括马来西亚公主港的 Hello Kitty 小镇、英国德鲁西拉公园的 Hello Kitty 秘密花园，以及印度尼西亚安可梦境公园的 Hello Kitty 乐园，与这些卡通形象的零距离接触让旅游者产生了强烈的参与感和体验性。

第五节　文化创意与购物融合发展

随着越来越多的人将出门旅游作为休闲娱乐方式，我国旅游业进入了快速发展阶段。旅游购物是旅游者在旅游活动中的一个重要部分，是旅游的弹性消费环节，它集合了旅游、休闲和顾客购买行为等活动，在旅游购物中涉及商家、游客和地方政府三个实体。伴随着体验经济的发展，游客越来越注重在旅游过程中获得符合自己心理需要和情趣偏好的特定体验。在游客旅游购物活动中，体验作为一个关键的价值决定因素，影响着游客的最终购买决策。这就需要通过文化创意提升旅游者购物的体验度和满意度，并延长旅游购物的产业链，创造更多的衍生品的方式来增加附加值，将商品的文化资源转化为文化资产。

一、文化创意旅游商品

旅游商品就是商品供给者为满足旅游者特定的物质或精神需求，出售某些具有价值和使用价值的自然或社会的有形实体，或无形的社会人文旅游资源的观赏权、感受权、体验权和参与权，是旅游商品有形实体的使用权和各种无形服务的总和。旅游商品按照功能可以划分为旅游纪念品、旅游工艺品、旅游食品、旅游用品和其他相关商品等。

（一）文化创意旅游商品内涵

旅游商品文化创意就是创意价值通过旅游商品实现产品化的过程，它是利用原生艺术品的符号意义、文化元素、人文精神、美学特征，通过文化理解与消化对原生艺术品进行解读和重构，将原生的文化元素与旅游商品的创意相结合，从而形成的一种新的文化创意旅游商品。文化创意旅游商品既要弘扬和传承文化，又要具有商品的使用价值。长期以来，国内消费者和行业从业者在对旅游商品的认识方面存在一些局限，把旅游商品局限在旅游纪念品、土特产品和旅游工艺品这个狭小范畴，事实上，各种文化旅游纪念品、文化旅游日用品、旅游商品的科技日用造型设计等都可能成为文化创意旅游商品。因此，文化创意旅游商品除具备一般旅游商品的特征外，更多地表现为一种艺术衍生品。好的创意可以让一件普通的旅游商品附加上超出用户期待的文化艺术价值、智慧创意价值，并激发购买动机和产生购买行为。

（二）文化创意旅游商品生成条件

文化是文化创意旅游商品生成的核心要素，是文化创意旅游商品设计的前提，而文化创意是旅游商品附加值生成的源泉。在文化资源选取的基础上，文化创意旅游商品主要是通过对文化资源的挖掘和利用，将特定的文化要素巧妙地转化为设计元素，并注入产品或服务中去，为消费者提供与众不同的新产品或新服务。人们对文化资源的认同感越强，则开发的文化创意旅游商品市场就会越大。所以文化创意旅游商品的生成关键首先在于对文化资源的选取，其次在于文化创意。当然，好的文化创意也可以弥补文化资源的不足。

（三）文化创意旅游商品特征

与传统的旅游商品相比，文化创意旅游商品在商业属性之外，更多地表现出它的文化创意性、艺术审美性和地域个性。好的文化创意旅游商品对旅游体验的延伸也是一种历史文化的传承，甚至可以成为目的地的形象代言。好的文化创意旅游商品兼备艺术性、故事性、趣味性、创新性和实用性，强调的是文化艺术的创新，突出体现创造力，并以"创新设计、文化传承"为核心形成独特的创新能力，再通过配套产品和服务策略，以现代科技及企业化经营模式促使文化创意作品得以商品化与产业化。

1. 文化创意性

在文化创意旅游商品的设计中应注重文化创意性，在设计上加强自身特色。通过文化创意将文化植入商品中，可以提升旅游商品的文化内涵和文化品位，满足旅游者对文化身份的认同感，旨在满足广大旅游者对目的地文化的体验需求，因此必须具有文化创意性，让旅游者能够把旅游目的地文化带回家，延长旅游体验感，增加旅游商品的文化附加值，形成新的旅游商品和品牌。因此，文化内涵是文化创意旅游商品的市场核心竞争力，文化创意旅游商品区别于普通商品的最明显特征是它能够反映出独特的文化内涵，具有鲜明文化特色和较高的文化价值，并形成巨大的文化吸引力。

2. 艺术审美性

美学经济是通过美感创造产品经济价值，而旅游的本质是一项审美活动。文化创意旅游商品的艺术性就是其内在的美学内涵和艺术鉴赏价值，满足旅游者求美、求奇、求新的心理。文化创意旅游商品需要通过文化艺术、创意设计、品牌塑造让消费者认同旅游商品中的美学价值及感知旅游商品文化内涵而进行消费。只有认同艺术价值和美学内涵认知的旅游商品，才能为旅游者带来美的享受，从而满足旅游者审美需求，激发旅游者购买欲望，并产生购买行为。因此，文化创意旅游商品认知中旅游商品的美感对购买意愿有正向影响，追求美感是旅游商品文化创意的基本要求。

3. 地域个性

从消费心理学的角度，旅游者希望购买到的往往是最具地域文化特色并且其他地方没有的旅游商品。文化创意旅游商品的地域个性是指能够反映当地地域特征和独特人文风情等层面的旅游商品，具有极其鲜明的地域烙印。本土特色的文化创意旅游商品有助于形成旅游商品知识产权，吸引旅游者，其地方特色越浓，越符合旅游者求异、求奇心理，商品的纪念价值越大，对旅游者的吸引力则越强。因此，文化创意旅游商品需要把当地独有的地域个性融入旅游商品中，才会形成旅游商品与旅游目的地的良好印证关系。如新疆的哈密瓜、四川的蜀绣、湖南醴陵的瓷器等，这些旅游商品以其鲜明的地域特征成为当地的代表。

二、旅游商品文化创意原则

（一）需求导向

文化创意旅游商品开发的目的在于销售商品与景区营销，因此必须研究旅游者心中所想，满足旅游者"求新、求异、求奇、求美"等内在的需求，从而决定文化创意旅游商品的开发方向。持唯物观的人认为社会发展的历史首先是人民群众的物质资料生产发展的历史，文化创意旅游商品是在物质财富的基础上发展创造出来的精神文化产品。因此，旅游文化创意产品的开发必须以旅游者的精神文化需求为导向，只有做到产品创意与需求吻合，注重用户对产品的体验，满足用户的个性化需求，且市场价格适中、具有美感、功能实用性强，才能延长旅游商品的生命周期。

（二）创意与科技融合

"内容为王"是不变的丛林法则，内容是文化创意旅游商品价值形成的源泉。文化创意旅游商品的"文化"内容涉及范围极广，从传统工艺到民间民俗，从现代制造到潮流风尚，从非遗传承到 3D 打印，文化创意旅游商品的"文化"内容涵盖了人们生活的方方面面。文化创意的主要任务是能够生产文化创意内容，它创造的是文化精神价值，并通过科技、艺术等适当的方式呈现出来，而不能仅仅停留在形式上的创意层面。创意与科技对文化创意商品的购买意愿有正向影响，二者是不可分离的，将"科技引入文创"，无论是站在"拓宽文创产业发展道路"的角度，还是立足于"科技融入文化生活"的角度，都是双赢的局面。在一定程度上，高科技本身就会引发创意或者改善创意的手段，从而提高创意水平。因此，大多数文化创意旅游商品是文化创意与科技创新融合发展的产物。

（三）功能多样化

从功能的角度来看，文化创意旅游商品包括生活实用品类和工艺品类，前者侧重于商品的使用价值，而后者侧重商品的精神文化价值，但随着文化创意商品的发展，二者开始融合发展，实用类商品具有了艺术美，艺术类商品也附加了一些实用功能。文化创意旅游商品功能构成了商品的使用价值，对购买意愿有正向影响，特别是在旅游发展早期，旅游者更加重视旅游商品的使用价值。随着社会进步和旅游者素质的提高，旅游者才逐步从旅游商品的使用价值转向文化精神价值。因此，在设计商品时应对功能性商品进行文化创意，实现商品的功能多样化和创意化是文化创意旅游商品生产的规律所在。比如，博物馆在对旅游商品进行开发设计时会考虑到销售、礼品馈赠、公关及活动宣传等市场需求，以供消费者选择。

三、旅游商品文化创意对象

文化创意是塑造旅游商品特色和实现旅游商品新颖时尚的内在要求，越是具有创意的旅游商品，越是具有市场吸引力。而特色与个性是旅游商品文化创意的灵魂，一般来说，国外入境旅游者看重的是"中国特色"，国内旅游者则更关注"地方特色"。旅游者的这类偏好对旅游商品的设计和所凸显的文化价值选择提出了基本要求。另外，与时代接轨，"新颖时尚"也是旅游购物的重要标签。因此，文化创意旅游商品应该兼具特色、创意和新颖性的特征。这些特征的塑造需要不同的文化创意方式。

（一）传统文化创意

社会在变迁，时代在发展，每个时代都在衍生新的文化思潮和文化内容。在大众对文化消费与体验不断发生变化的今天，文化创意、设计服务与日常生活的融合为我们带来了更多创新体验产品。而文化与旅游的融合，则从需求端与供给端为传统文化艺术的传播带来了更加广泛、多元的机遇。传统文化的创新性发展，只有外部形式的创新是不够的，尤其在强调文旅融合的今天，文化的内涵、深度成为愈来愈显性的需求。传统文化创意需要调适传统文化与现代社会之间的关系，让文化推陈出新，与时俱进。传统文化艺术内部与外部社会多种要素的合作探索，应立足传统，与时代接轨，与大众的需求接轨，这是新时代中国传统文化创新性发展、创造性转化的重要一环。因此，应该吸取传统文化的合理成分，融入现代社会文化情感与文化认同，推动文化的继承与创新，形成生生不息的文化繁衍力。文化创意旅游商品的设计可以基于优秀传统文化，与当代人的人文情怀相融合，实现古今对接，生产出传统文化元素与当代的人文精神比例合理的有机融合体。也就是对于传统文化的认识与再设计，不应只是简单地复制，而要融合当代的思想方式和人文情怀。让传统文化在构筑国人文化记忆的同时，成为"活"在当下的文化，这是传统文化面向当下、面向青年人展现、传播甚至传承其价值的过程，更是我们文化自觉与文化自信形成的过程。

（二）文学影视创意

随着创意时代的来临，文化创意产业越来越凸显出"创意"或"创造力"的价值，文学产业已然成为其中具有巨大发展潜力的朝阳分支，既蕴含着传播积极思想的社会价值，又显露出文化消费的广阔前景。创意的灵魂来自文学的创作内容及文学活动训练出的创作能力和创作意识，是文化创意产业这一行业所必备的基本范式和技能。因此，文学被公认为是培养和培训"文化创意"能力的主要途径。文学创作来源生活，高于生活，因此文学影视作品中的语言、文字、绘画、诗歌、传说、故事等文化符号，都反映了一定的时间段和一定的地域内人们内心情感以及审美价值标准。而人们在这样的情感下体现出的对物品或对精神上的美好向往，以及所反映出的特定审美意识形态，都可以作为旅游商品创意的文化来源，并通过创意手段形成文学作品的语意造型。文学创意的根本宗旨在于全面提升文学所蕴含的文化价值和经济价值，其首要任务是大力强化文学作品的时空穿透力和表现力，其重要使命在于深入探究人类内在的情感世界和审美理想，而文学与其他艺术在形与质上的交融也已经成为文学创意的重要构成。文学与影视结合，两者的互动改编，在当今文化创意的新时代，既是进行文学创作的重要活动，同时更是实现文学创意的重要内容。如"红楼梦十二金钗"系列首饰的设计，作品融合了古典文学元素与现代金属编织技法进行创作，运用明喻、暗喻、转喻、抽象、联想等手法表达了产品语意，赋予作品新的生命力，巧妙地表现出十二金钗殊异的人物个性，坚信每位女子都值得疼爱，每个女人都应有一套专属于自己的首饰。再如电影《魔兽》，从游戏到电影，再到周边衍生品，这些所有直接使用《魔兽》中的元素的创作和商品都已形成 IP。《魔兽》电影上映前，衍生品在中国的销售就已经超过了 1 个亿，加上游戏粉丝的后续贡献，未来《魔兽》的相关衍生品创造的价值更加难以估量。

（三）社会意识形态创意

社会意识形态的价值元素包括创意、知识、美感、情感、价值、商品理念等。通过文化创意商品表达社会意识形态等价值元素，使商品文化创意理念符合广大消费者所认同的心理价值诉求，这也是旅游商品文化创意的重要来源。在创意产品设计的过程中，设计者应更加注重提升产品的人文价值和情感关怀，将精神情感和人文关怀上升到主要创意内容，贴近人们的生活方式和生活环境，让旅游商品的形式、功能、语意等与社会文化情感、生活方式、生活环境完美融合，从而唤起消费者的美好情感、心理归属和身份认同。如西藏的饰品古朴原始，具有浓郁的地方特色，是有地方文化特色的旅游纪念品。购买此类文化创意商品，为消费者带来的是一种藏式的生活气息。

（四）品牌创意

文化创意产业创造价值的一种重要模式是在文化资源中提炼文化符号，塑造出品牌。一个好的创意可以吸引消费者，也可以刺激市场上的其他竞争者，还是产品成功的基础。品牌创意是一种综合创意方式，它融合了传统文化、文学影视和社会意识形态等多种创意渠道与方式。在快速发展的时代，产品生命周期越来越短，创新成为企业必备的能力。品牌创意对一个品牌的重要程度不言而喻，在品牌运营的过程中不断地推出品牌创意是品牌延展的关键。品牌是先于产品而被旅游者所认知的，因此消费者的决策先是选择品牌，然后才是考虑品牌所属产品及其价格。旅游者购物消费也越来越注重商品品牌，未来品牌力才是文化创意旅游商品的核心竞争力。将文化创意元素融入旅游商品品牌中，既可以满足了旅游者高层次的精神文化需求，又能增加旅游商品的附加价值，还能有利于旅游商品品牌的可持续发展。品牌创意中品牌名称与标志是品牌的重要组成部分，并且在注册商标后成为旅游企业无形资产的重要组成部分。一个人性化的品牌标识能够更好地被消费者接受，文化创意旅游商品品牌也能够在旅游者心中留下深刻印象。

第四章
乡村旅游产业与文化创意产业的融合发展

本章的主要内容为乡村旅游产业与文化创意产业的融合发展，具体包括乡村旅游产业与文化创意产业融合发展的理论、乡村旅游产业和文化创意产业的发展模式分析、乡村旅游产业与文化创意产业融合发展策略。

第一节　乡村旅游产业与文化创意产业融合发展的理论

一、乡村旅游产业与文化创意产业融合发展的动因

（一）消费习惯的转变

随着我国经济的发展，人民的生活水平和消费能力普遍提高，人们的消费习惯也发生了明显的变化。美国心理学家亚伯拉罕·马斯洛提出了需求层次理论，人类的需求由低到高被分为生理需求、安全需求、社交需求、尊重需求和自我实现需求五个层次，前两种需求停留在温饱层面，社交需求和尊重需求发生在小康阶段，最后一种则发生在富裕阶段。我国的恩格尔系数逐年降低，居民不再以生存资料消费为主，在满足了基本的物质需求的前提下，开始追求精神层面的享受，导致消费结构逐步升级。基本的生理需求通过物质消费就可以实现，而更好的生活方式则需要通过精神层面的追求来实现。在全面建成小康社会的背景下，居民的消费方式逐步向以文化消费为代表的精神需求过渡。

（二）政府的正确引导

长期以来，党和国家高度重视"三农"问题，而发展乡村旅游是解

决"三农"问题的重要途径之一。2016 年，国务院印发了《关于推进农村一二三产业融合发展的指导意见》，旨在改善农业农村基础设施条件、强化科技支撑、搭建公共服务平台、加大财政支持力度。政府加快农业结构的调整，延伸农业产业链、拓展农业的多种功能、大力发展农业新型业态、引导产业集聚发展。政府明确要求推进农业与其他产业的融合发展，其中就包括乡村旅游与文化创意产业的融合。在国家的正确引导下，我国两大产业融合的领域不断扩大。产业融合有效地推动了乡村旅游的转型升级，促进乡村地区更好、更快地发展。政府的支持和引导、多项相关政策的出台，能够更好地引导两大产业融合发展。

（三）旅游产业转型升级

随着居民可支配收入的增加，生活在城市的居民开始向往农村。他们开始利用周末的闲暇时间去农村郊游、度假，体验农村的生活方式，与农民一起生活。乡村旅游发展以"农家乐"模式开始。随着城市居民出游次数的增多，乡村旅游不再是走马观花式的，他们希望旅游形式更多丰富多样。乡村旅游项目的单一与游客多样的旅游需求之间的矛盾，要求乡村旅游业必须进行产业的转型升级。在转型升级的压力下，两大产业的融合发展将为乡村旅游品质的提升提供新的发展思路。

（四）科学技术创新

乡村旅游业转型升级需要多管齐下，而技术创新则是乡村旅游业转型升级必不可少的因素。乡村旅游业可以通过改进生产技术提高旅游产品的质量，降低旅游产品的价格，给游客带来更好的旅游体验。同时，技术创新也是提升乡村旅游产业服务水平和质量、推动该产业转型升级的重要手段，先进的技术会促进乡村旅游业的发展。

目前，计算机技术日益成熟并应用到了多个领域，出现了产业融合的浪潮，科学技术创新为两大产业的融合发展提供了强大的推动力。乡村旅游与文化创意产业原本是两个界限分明的产业，但在科学技术的影响下，两者的界限逐渐模糊，进而实现新的产业融合。乡村旅游业与农业相辅相成，而农业离不开科学技术的支撑，科学技术的创新能够增加乡村旅游的创意元素、提升乡村旅游的品质。科技创新不仅推动了农业现代化，还增强了农产品的观赏性。一些农业主题展览开始兴起，如农产品博览会、农产品主题公园等。

二、乡村旅游产业与文化创意产业融合发展的过程

乡村旅游产业与文化创意产业具有极高的关联性。在消费需求、旅游产品转型升级、技术创新、文化体制改革、政府引导等多方面因素的影响下，乡村旅游与文化创意产业逐步融合。两大产业的融合是一个动态的演变过程，并不是一蹴而就的，而是经历了产业分立、产业初步融合以及新产业出现三个发展阶段。

（一）产业分立阶段

在这一阶段，两大产业互不干扰，各自拥有鲜明的特征，分别具有清晰明确的产业边界。两大产业的生产技术不同、生产的产品不同、面向的市场不同、提供的服务不同。两大产业不存在任何联系，不存在交叉以及融合的现象，不存在竞争关系。

1. 乡村旅游产业边界

按照通过技术边界、产品边界、组织边界、市场边界划分的方法，乡村旅游产业的边界是依托乡村旅游资源对乡村旅游进行开发，形成丰富的乡村旅游产品，对乡村旅游产品进行销售，进而形成旅游市场和旅游群体，并构成了完整的产业链。

2. 文化创意产业边界

按照同样的划分方法，文化创意产业的边界是依赖文化资源而产生的不同类型的文化创意产品和服务，并对产生的文化产品和服务进行营销，进而吸引文化市场的消费者群体，最终构成了完整的产业链。

（二）产业初步融合阶段

随着科学技术的发展，在内外因素的影响下，两大产业的边界开始变得模糊，出现了产业融合的现象。产业融合会打破两大产业边界的界限，从三个层面逐步实现产业融合。

1. 技术融合

每个产业都有各自的生产技术，有技术就会产生技术边界。两大产业存在技术关联，都具有将文化资源产品化的技术，并且能够实现资源互补。在产业融合的初期，原本存在明显界限的两大产业因为拥有技术关联性，而出现技术融合。技术融合是两大产业之间相互融合发展的第一层面，也是两者融合的基本要求。

2. 产品融合

在经济不断发展的同时，游客旅游消费的需求也日益多样化。传统的旅游项目和旅游产品已经不能满足游客的需求，需要对旅游产品进行升级换代，生产复合型的旅游产品。乡村旅游产业和文化创意产业原有的技术关联会使文化资源产品化，这些产品既属于乡村旅游产品，又属于文化创意产品。技术手段将两大产业结合在一起，形成产品融合，如农耕文化展览、农产品博览会、民俗节庆等旅游产品，是两大产业产品融合的典型代表。新技术将两种资源整合起来，开发出能够满足消费者需求的产品，既能够促进两大产业的发展，也能够更好地利用优秀传统文化资源。

3. 市场融合

经过前两个融合阶段，两大产业的联系日益密切，产业间的界限也日益模糊，在此基础上形成了产业和市场的融合。乡村旅游与文化产业融合形成了技术融合、产品融合，具体表现在三个方面：第一，消费市场的交叉融合。大量文化产品和服务纷纷涌入旅游市场，抢占市场空间，使文化产业的原有市场不断扩大。第二，创新营销方式。乡村旅游通过新颖的营销方式，在乡村旅游产品中加入了更多的创意元素和文化内涵，通过互联网等新颖的传播渠道进行宣传，大大提高了文化产品在市场上的销量。第三，品牌的市场整合。将区域内的旅游资源进行规划与整合，形成规模，打造出极具市场竞争力的旅游文化产品。

（三）新产业出现阶段

随着产业融合的出现，两大产业通过技术、产品和市场的深度融合，使两大产业的关系更加密切，两大产业之间的产业边界消失，并相互包含。在产业融合后期，两大产业融合之后演变成一种拥有自身产业特征的新产业——乡村创意文化旅游产业。

三、乡村旅游产业与文化创意产业融合发展的机制

（一）文化创意产业对乡村旅游的渗透与提升效应

第一，丰富乡村旅游产品的种类，促使乡村旅游产品升级。随着经济的发展，人们的生活水平和消费水平逐步提高，人们对精神层面的需求日益增长，对文化的需求不断提升。中国地域辽阔、历史悠久，存在诸多各具特色的历史古迹和民俗文化。在旅游方面，大部分游客旅游的目的是体验不同的文化，开阔视野。文化旅游在旅游中的比重逐渐

加大，文化对深化乡村旅游内涵、提升乡村旅游品质有着重要的作用。随着科技的发展，新科技可以将隐性的文化创意显性化、静态的文化创意动态化，可以将文化创意元素或文化创意产业植入乡村旅游产业，实现两者的融合发展。文化创意产业的渗透使乡村旅游产业更具内涵和魅力。

第二，提高乡村旅游的品质和内涵，助推乡村旅游产业升级。我国乡村旅游发展面临着产业结构单一、产品品质低等诸多问题。在文化创意产业的渗透和提升作用下，我国乡村旅游的产业结构开始转变，乡村旅游项目也由观光模式向体验、参与模式转变。根据游客的消费需求，我们可以借助高科技，将乡村旅游地区的旅游资源、文化资源进行整合，与文化创意产业融合起来，打造动态、多样的乡村旅游文化产品，提升乡村旅游产品的品质和内涵；同时，可以通过文化创意将原本静态的乡村旅游动态化，让游客产生身临其境的感觉。

（二）乡村旅游对文化创意产业的扩散效应

第一，有利于文化资源的开发与保护、促进文化的交流与传播。虽然文化创意产业是一个朝阳产业，但因其较为复杂，需要借助外部力量推动它的发展。乡村旅游的项目不能局限于"农家乐"模式，而是需要向更深层次发展。于是，文化创意产业成为乡村旅游深度发展最好的选择。同时，也会有更多的资金投入到保护和开发乡村文化资源中，让人们认识到文化资源的重要性，增强保护文化资源的意识，促进乡村旅游与文化资源保护进入良性循环。因此，乡村旅游的发展可以解决文化创意产业中文化资源面临的问题。同时，乡村旅游可以让不分国界、不分地域，不同国家、不同文化背景的游客通过乡村旅游进行交流，促进了各地区之间的文化交流和传播。

第二，扩大了文化创意产业的市场空间。乡村旅游是朝阳产业，全球正在进入乡村旅游蓬勃发展阶段，该产业涉及面广，与数十个产业相关联。乡村旅游发展到一定的阶段会使乡村地区的第一产业、第二产业、第三产业实现逐步融合，形成农业观光旅游、文化创意旅游、会展旅游、影视旅游等众多复合产业。乡村旅游发展前景广阔，在旅游业中所占份额逐渐上升。文化创意产业借助乡村旅游产业发展的契机，逐步融入乡村旅游市场，不仅有利于提升乡村旅游的品质，还会扩大文化创意产业的市场空间。

第二节　乡村旅游产业和文化创意产业的发展模式分析

乡村旅游产业与文化创意产业两大产业内涵丰富，且包含的类型多种多样，两大产业有各自的产业特征、运作方式，融合的过程和模式都不相同。因此，根据两大产业的特殊性，我们可以将其融合发展的模式划分为三种：渗透型融合模式、延伸型融合模式和重组型融合模式。

一、渗透型融合模式

随着技术的不断进步，在高新技术融合的影响下，使乡村旅游产业和文化创意产业的界限变得模糊，原本关联不大的两个产业开始互相融合成一个新兴产业，并带动一系列相关产业的发展。两大产业相互融合，不仅提升了产业的内涵，还会使产业更具有竞争力。这种渗透具有双向性：一方面，文化创意产业向乡村旅游产业渗透融合；另一方面，乡村旅游产业向文化创意产业渗透融合。

文化创意产业向乡村旅游产业渗透融合。文化创意产业内涵丰富，传播性强。农耕文化、少数民族歌舞、传统民俗、特色民居等借助其独特的文化内涵优势，通过好的创意把原本隐性的文化资源挖掘出来，丰富了乡村旅游的文化内涵。乡村旅游产业也向文化创意产业渗透，乡村旅游的发展可以带动文化创意产业发展。

二、延伸型融合模式

在文化创意产业与乡村旅游产业融合的过程中，两者的边界逐渐消失。产业融合可以扩大产业的外延，具体可以分为乡村旅游产业向文化创意产业延伸融合与文化创意产业向乡村旅游产业延伸融合两种模式。

（一）乡村旅游产业向文化创意产业延伸融合模式

文化创意产业内涵非常广，包括影视基地、漫画基地、创意艺术区、创意展示园等。部分游客喜欢到乡村地区感受独特的文化创意氛围，观赏各种艺术品生产环节。乡村旅游产业在一些文化创意生产基地设置供游客观赏、停留的接待地，把文化创意产业塑造为全新的旅游景区，挖掘出新的旅游功能。

（二）文化创意产业向乡村旅游产业延伸融合模式

为了获得更好的经济效益，政府和旅游企业通过引入高科技使乡村旅游项目中呈现出了更多的文化创意产业元素。比如，在传统的农业庄园里，利用生物技术，改变农产品的形态；彩色西红柿、迷你西瓜、特色南瓜等农作物的培育，吸引了大批游客。文化创意产业向乡村旅游产业延伸融合，可以有效地促进两大产业的转型升级，并带动一系列相关产业的协调发展。

三、重组型融合模式

乡村旅游产业与文化创意产业都有自身的产业价值链，重组型融合模式是利用特殊的方式将两大产业价值链模糊化并解构重组，打造出全新的价值链，形成一个具有两大产业共同特征的业态形式。重组型融合会将原有的资源整合利用，进而对资源进行合理利用。例如，会展业属于文化创意产业，作为旅游业的重要组成部分，会展成了吸引游客的重要形式。因此，国家每年都举办大型的国际或者国内的会展活动，吸引世界各地的消费者前来参观，为旅游业的发展带来了契机。于是，会展成了新的乡村旅游形式，带动了乡村经济的发展。会展产业是旅游产业与文化创意产业的有机结合，通过资源的重组和互动式的交流，塑造崭新的创意旅游产业。会展不仅可以吸引大量游客，还可以促进文化创意产品的销售，促进两大产业的共同发展。

第三节　乡村旅游产业与文化创意产业融合发展策略

作为旅游业的一种创新发展形式，乡村旅游产业与文化创意产业的融合具有很强的现实意义，也为乡村旅游业注入了新的活力。在此背景下，探寻乡村旅游产业与文化创意产业融合发展的途径显得十分有必要。

一、乡村旅游产业与文化创意产业融合发展的条件

（一）转型升级与经济增长的必然选择

在"互联网＋""旅游＋"时代，我国乡村旅游经济结构不断优化升级，驱动方式逐渐由投资驱动向科技创新驱动转变，乡村旅游需要实现特色化、精品化发展，这一变化为乡村旅游产业与文化创意产业融合发展衍生出新的旅游业态创造了天然的基础。为适应当前大众旅游消费升

级的新特征，乡村旅游产业的转型升级应依托乡村自然环境，融入文化灵魂，突出农耕文化，打造乡村旅游的升级版。发展乡村旅游要立足本地区实际，挖掘自身优势资源，注重人文关怀，实现乡村旅游的特色化、差异化、个性化发展，乡村旅游产业与文化创意产业融合发展便是一条便捷的发展之路。文化创意产业可以对原有的乡村文化进行再挖掘，开发出独具特色的乡村旅游产品，最大限度地发挥农业的多元化功能。

（二）乡村旅游产业是实现精准扶贫的最佳手段

以发展乡村旅游产业来实现精准扶贫，就是要把各种旅游资源整合起来，重塑乡村经济产业结构，延长乡村经济产业链。乡村旅游产业与文化创意产业融合发展，可以解决乡村旅游景区建设城市化、产品种类单一、环境污染、缺乏科学规划等问题，将新农村建设、农业生产、小城镇建设、生态环境保护等紧密结合起来，打造乡村文化创意旅游精品，实现文化创意型乡村旅游的良性发展。乡村旅游产业与文化创意产业的融合发展，可以优化乡村旅游产品的结构，加快休闲农场、房车营地、乡村民宿、艺术村落、乡村庄园、乡村博物馆和市民农园等乡村旅游新类型的发展，增加乡村旅游对游客的吸引力。

二、乡村旅游产业与文化创意产业融合发展的策略

（一）乡村旅游产业与文化创意产业融合的途径

用文化创意推动乡村旅游产品研发和产业融合，可形成乡村旅游经济发展的新增长点。如何将原有农业文化景观、农业生态环境、农事生产活动及传统民族习俗等资源优势转化为产业优势，把观赏、考察、度假、学习、娱乐和购物融于一体，提升乡村文化创意旅游的市场化运作能力，是乡村旅游产业和文化创意产业融合发展面临的重要问题。乡村

旅游产业与文化创意产业融合应该走一条以资源特色为基础的差异化融合发展之路。不同资源类型的乡村旅游目的地，其产业融合发展的具体路径与发展重点均有所不同。

（二）乡村旅游产业与文化创意产业融合发展的建议

1. 分圈层的差异化发展

乡村旅游产业与文化创意产业融合应按照城市、近郊、远郊三个圈层来实现差异化发展。城市圈层以改善城市生态环境、营造城市氛围为主，在适宜的区域发展景观创意农业；近郊圈层以休闲农场、乡村庄园、市民农园等现代农业示范园区为重点，发展功能型创意农业；远郊圈层以设施农业为重点，利用高新技术生产农产品，兼顾创意生活功能。近郊和远郊在发展乡村文化创意旅游时，要解决的首要问题也不同，如近郊首先要解决交通和停车问题，而远郊则应更关注资源核心竞争力的差异。

2. 分区域的功能化发展

乡村旅游与文化创意产业融合发展时必须进行区域功能划分，哪些是当地村民的保留区域，如核心生活区域，游客不得前往；哪些是游客的游览区域，主要进行乡村文化体验、开展娱乐活动等；哪些是村民和游客的共有区域，既能为游客提供各项旅游体验，又能为村民所用。只有增强村民对乡村旅游的认同感，乡村文化创意旅游产业才能实现可持续发展。

第五章
贵州省铜仁市文化创意旅游产业

本章的主要内容包括贵州省铜仁市文化创意旅游产业，具体介绍了铜仁市旅游资源概况、铜仁市文化资源、铜仁市文化创意旅游融合发展路径、梵净山山地生态文化创意旅游策划。

第一节　铜仁市旅游资源概况

铜仁市在文化创意旅游产业开发上，注重把握资源现状与掌握旅游市场发展规律，并结合创意策划的目标和任务，坚持文化创意与产业布局结合，突出资源特色和区位优势，打造了高端精品名牌，增强了铜仁市旅游创意文化吸引力和产业核心竞争力。

一、总体情况

铜仁旅游资源禀赋得天独厚，有国家级自然保护区 3 个，国家级风景名胜区 3 个，国家矿山公园和国家喀斯特地质公园各 1 个，国家级湿地公园 7 个，国家水利风景区 4 个，国家级重点文物保护单位 10 家，中国名镇名村 3 处，中国传统村落 74 家，省级风景名胜区 7 家，省级自然保护区 2 个，省级森林公园 3 个，省级水利风景区 3 家，省级文物保护单位 27 家。全市有 2 个国家级自然保护区、2 个国家级风景名胜区、2 个国家地质公园、1 处国家级重点文物保护单位、1 家中国名镇名村、2 个中国传统村落被打造成为 4A 级旅游景区；将 1 家国家级重点文物保护单位、中国名镇名村、3 个中国传统村落打造成为 3A 级旅游景区。在省级风景名胜区内，打造 4A 级旅游景区 3 个、3A 级旅游景区 7 个。有 15 个景区进入全省 100 个重点景区建设名单。在"十三五"期间，利用国家级、省级资源开发建设、提级改造的有 3 个国家级自然保护区、3 个

国家级风景名胜区、2 个国家矿山公园和国家喀斯特地质公园、7 个国家
级湿地公园、10 家国家级重点文物保护单位、3 个中国名镇名村、35 个
中国传统村落、7 个省级风景名胜区、27 家省级文物保护单位、2 个省
级自然保护区、3 个省级森林公园。

（一）国家级资源名单

1. 国家级自然保护区

梵净山国家级自然保护区、麻阳河国家级自然保护区、佛顶山自然
保护区。

2. 国家级风景名胜区

九龙洞风景名胜区、石阡温泉群风景名胜区、沿河乌江山峡风景名
胜区。

3. 国家级湿地公园

碧江天生桥国家湿地公园、思南白鹭湖国家湿地公园、万山长寿湖
国家湿地公园、江口太平河国家湿地公园、沿河乌江国家湿地公园、德
江白果坨国家湿地公园、石阡鸳鸯湖国家湿地公园。

4. 国家地矿公园

万山国家矿山公园、思南乌江喀斯特国家地质公园。

5. 国家水利风景区

思南乌江水利风景区、沿河乌江水利风景区、碧江锦江水利风景区、
思南乌江白鹭洲水利风景区。

6. 国家级重点文物保护单位

碧江区东山古建筑群（包括东山寺、川主宫、周逸群故居、中南门古民居）、万山汞矿遗址、松桃寨英村古建筑群、石阡万寿宫（包括禹王宫、黑神庙、玉皇阁、启灵桥）、石阡楼上村古建筑群、石阡府文庙、思南思唐镇古建筑群（包括府文庙、旷继勋故居、万寿宫、王爷庙、川主庙、永祥寺、周家盐号）、沿河黔东特区革命委员会旧址、印江木黄红二六军团会师纪念碑及纪念馆、德江枫香溪会议会址及纪念碑。

7. 中国名镇名村

松桃寨英古镇，江口云舍、石阡楼上村。

8. 中国传统村落

铜仁市现有中国传统村落合计74个。

德江县：楠杆乡兴隆村、上坝村，枫香溪镇枫香溪村，复兴镇棋坝山村、稳溪村，共和乡焕河村，沙溪乡大寨村，煎茶镇付家村，合兴镇朝阳村，高山镇梨子水村。

江口县：太平乡云舍村，桃映乡漆树坪，民和乡封神壝，怒溪乡黄岩。

石阡县：白沙镇马桑坪村、箱子坪村，国荣乡楼上村、葛容村，河坝场乡小高王村，聚凤乡黄泥坳村、廖家屯村、瓮水屯村、指甲坪村，石固乡公鹅坳村，五德镇大寨村、董上村，花桥镇施场村，青阳乡青山寨，坪地乡石榴坡村，甘溪镇铺溪村。

碧江区：漾头镇茶园山，坝黄镇宋家坝村，瓦屋侗族乡克兰寨村。

思南县：许家坝舟水村，文家店镇龙山村，青杠坡镇四野屯村，思林乡金龙村、黑河峡社区，板桥乡郝家湾古寨，兴隆乡天山村，杨家坳乡岑头盖村，合朋溪镇鱼塘村，塘头镇甲秀村、街子村，大坝场镇官塘坝村、尧上村，瓮溪镇马家山寨。

印江土家族苗族自治县：永义乡团龙村，板溪镇渠沟村，天堂镇中尧村，合水镇兴旺村，缠溪镇方家岭村，新寨乡黔溪村，新业乡芙蓉村、坪所村。

沿河土家族自治县：思渠镇荷叶村，黑獭乡大溪村，新景乡白果村，后坪乡茶园村，夹石镇闵子溪村，官舟镇木子岭村，板场乡洋溪村，后坪乡下坝村。

松桃苗族自治县：普觉镇候溪屯、半坡村，正大乡苗王城，寨英镇大水村、邓堡村、寨英村，孟溪镇头京村。

万山区：黄道乡瓦寨村、敖寨乡石头寨。

玉屏侗族自治县：新店乡朝阳村、大湾村。

（二）省级旅游资源名单

1. 省级风景名胜区

印江木黄风景名胜区、思南乌江白鹭洲风景名胜区、松桃豹子岭—寨英风景名胜区、万山夜郎谷风景名胜区、玉屏北侗箫笛之乡风景名胜区、德江乌江傩文化风景名胜区、梵净山—太平河风景名胜区。

2. 省级文物保护单位

碧江区观音山莲花寺、滑石复兴桥，万山高楼坪刘氏宗祠，松桃虎渡口遗址、云落屯悬棺葬、苗王城、大路风雨桥，梵净山金顶古庙、金顶摩崖、梵净山禁砍山林碑、三角庄咸同起义遗址，玉屏印山书院，石阡太虚洞摩崖、红二六军团总指挥部旧址、成氏墓群、碗架岩摩崖，思南荆竹园咸同起义遗址、岑头盖咸同起义遗址，沿河红军金角洛夫墓、乌江洪峰标记石刻，印江文昌阁、严氏宗祠、梵净山重建金顶序碑，德江煎茶溪古墓群、"黔中砥柱"石刻、梅林寺咸同起义遗址、安化县文庙。

3. 省级自然保护区

印江洋溪自然保护区、思南四野屯自然保护区。

4. 省级森林公园

思南万圣山森林公园、石阡五峰山森林公园、万山老山口森林公园。

5. 省级水利风景区

石阡山坪水库水利风景区、石阡洋溪水库水利风景区、石阡欧家湾水库水利风景区。

二、开发与经营

(一)国家级旅游资源开发建设与经营

1. 国家级自然保护区

梵净山国家级自然保护区的管理主体是梵净山自然保护区管理局，旅游经营转让给贵州梵净山三特旅业公司负责，该公司于 2009 年正式经营，经营期限 50 年，主要经营业务有景区门票、观光车和索道，已打造成为 4A 级旅游景区，列入全省旅游重点景区。

佛顶山省级自然保护区的管理主体是佛顶山自然保护区管理局，由石阡县政府组建的贵州佛顶山文化旅游投资开发有限责任公司负责开发建设，目前开发的有尧上民族村、坪洋寨民族村和进入佛顶山游步道，没有经营收费项目，已打造成为 4A 级旅游景区，属贵州省旅游重点景区。

2. 国家级风景名胜区

九龙洞风景名胜区的管理主体是九龙洞风景名胜区管理处，建设和经营由铜仁市政府组建的梵净山旅游投资开发有限公司负责。目前，该景区已建成了游客服务中心、上山观光车道、地质科普展示馆等项目，于 2014 年打造成为国家 4A 级旅游景区。

石阡温泉群风景名胜区的管理主体是石阡温泉群风景名胜区管理局，经营主体是石阡温泉投资开发有限公司，经营范围有景区门票、酒店住宿餐饮、温泉休闲疗养等业务，已基本完成三期工程建设，于 2012 年打造成为国家 4A 级旅游景区。

沿河乌江山峡风景名胜区的管理主体是正在筹建的沿河乌江山峡风景名胜区管理局，从 2013 年以来，该风景名胜区已列入省级重点景区建设。

3. 国家级湿地公园

碧江天生桥国家湿地公园已开展旅游经营业务，由碧江区天生桥旅游开发公司与当地的村委会签订旅游开发协议并建设和经营，经营范围有景区门票、游船观光、餐饮住宿等业务。

思南白鹭湖国家湿地公园、沿河乌江国家湿地公园、万山长寿湖国家湿地公园、江口太平河国家湿地公园、石阡鸳鸯湖国家湿地公园，由当地政府投入完善了部分旅游基础设施及配套服务设施，虽然没有收费项目，但游客在上述湿地公园中有自发性游览活动。

4. 国家地矿公园

万山国家矿山公园管理主体是万山国家矿山公园管理局，经营主体是贵州吉阳旅游开发有限公司，已于 2014 年打造成为国家 4A 级旅游景区，属省级重点旅游景区。截至 2019 年已完成旅游步道、博物馆、景区大门等建设。

思南乌江喀斯特国家地质公园管理主体是思南乌江喀斯特国家地质公园管理局，由该县国有旅游企业贵州乌江石林旅游发展有限公司负责建设和经营，是省级旅游重点景区，国家 4A 级旅游景区。

5. 国家级重点文物保护单位

万山汞矿遗址已建成 4A 级旅游景区，石阡楼上村古建筑群建成 3A 级旅游景区。

已开展建设有旅游接待活动的有：2014 年思南县对思唐镇古建筑群的府文庙、旷继勋故居、万寿宫、王爷庙、川主庙、永祥寺、周家盐号进行了修缮性保护。碧江区东山古建筑群，已纳入百里锦江国际生态旅游度假区开发范围。石阡县对万寿宫，包括禹王宫、黑神庙、玉皇阁、启灵桥进行了修缮，成为石阡夜郎古泉旅游景区的重要组成部分。松桃苗族自治县对寨英村古建筑群进行了保护，并于每年举办滚龙节，吸引了大量游客。印江土家族苗族自治县于 2013 年在木黄红二六军团会师纪念碑及纪念馆修建了游客服务中心、停车场、旅游厕所等。

6. 中国名镇名村

国家名镇松桃寨英古镇每年举办滚龙节，吸引大量游客；国家名村江口云舍建成了 4A 级旅游景区，石阡楼上村建成 3A 级旅游景区。

7. 中国传统村落

已建成 A 级旅游景区太平乡云舍村（4A）、国荣乡楼上村（3A）、板桥乡郝家湾古寨（3A）、永义乡团龙村（3A）、正大乡苗王城（4A）等。正在开展乡村旅游建设和打造的村有合兴镇朝阳村、桃映乡漆树坪、漾头镇茶园山、瓦屋侗族乡克兰寨村、新寨乡黔溪村、新业乡的芙蓉村和坪所村。

（二）省级旅游资源开发建设情况

1. 省级风景名胜区

沿河乌江山峡风景名胜区内，已将南庄打造成为 3A 级旅游景区。思南乌江白鹭洲旅游景区内已打造出九天温泉 4A 级旅游景区，正在建设兽王山公园、安化古街。印江木黄风景名胜区内已将团龙村打造成为 3A 级旅游景区，正在推进凤仪等乡村旅游建设。松桃豹岭—寨英风景名胜区中已开发建设苗王城、铜仁大峡谷景区，正在开发大湾苗寨。万山夜郎谷拟由贵州吉阳旅游投资开发公司投入建设。玉屏北侗箫笛之乡风景名胜区已建成茶花泉、屏山旅游景区两个 3A 级旅游景区。

2. 德江乌江傩文化风景名胜区

德江乌江傩文化风景名胜区正在推进洋山河景区建设，将高家湾打造成 3A 级旅游景区。梵净山—太平河风景名胜区内，已将云舍、亚木沟打造成为 4A 级旅游景区，将寨沙、鱼粮公园打造成 3A 级旅游景区。

第二节　铜仁市文化资源

一、非物质文化遗产资源

（一）铜仁市国家级非物质文化遗产八项

铜仁市国家级非物质文化遗产八项（见表 5-2-1）。

表 5-2-1　铜仁市国家级非物质文化遗产名录

序号	名称
1	德江傩堂戏
2	石阡木偶戏
3	石阡说春
4	石阡仡佬族毛龙节
5	思南花灯节
6	铜仁赛龙舟
7	沿河土家族歌舞
8	玉屏箫笛制作技艺

（二）八项国家级非物质文化遗产资源内涵

1. 德江傩堂戏

德江傩堂戏是一种佩戴面具表演的宗教祭祀戏剧，也是一种古老的民族民间文化活动。德江傩堂戏又称"傩戏"和"傩坛戏"，土家人叫"杠神"，源于古时的傩仪，是古傩的一种。汉代以后，逐渐发展成为具有浓厚娱人色彩的礼仪祀典，宋代前后开始演变为酬神还愿的傩堂戏。德江傩堂戏从内容上可划分为"酬神"和"娱人"两部分。"酬神"是围绕意愿进行"冲傩还愿"，"娱人"则是傩戏和傩技表演。

德江傩堂戏具有历史学、民俗学、宗教学、戏剧学等多学科学术研究价值，对中国文化与世界文化的丰富和完善都具有十分重要的意义。在内容和形式上它都具有原生态性，与宗教仪式密不可分，在本质上也就是宗教祭祀的戏剧化和通俗化。它保存着戏剧最古老的传统，并清晰地表现出戏剧演变的历史脉络，是我国古代戏剧的一块"活化石"，其本身就是一部傩堂戏的发展史和传承史。2005年，德江傩堂戏入选第一批

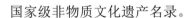

国家级非物质文化遗产名录。

2. 石阡木偶戏

石阡木偶戏是流传于贵州省石阡县各民族中的一种民间傀儡戏曲剧种，其鼎盛时期的演出范围辐射到全县各地及周边湘、鄂、渝、黔等省边区的各民族中。石阡木偶戏俗称"木斗斗戏"或"木脑壳戏"，迄今有两百余年的历史，直至 20 世纪四五十年代，是其发展的鼎盛时期。石阡有泰洪、太平、兴隆等五支很有名气的木偶戏班，常年在县文化馆售票演出或下乡巡回展演，深受群众喜爱。每个戏班至少六七人，多则十余人。

木偶戏的衣甲、冠带、武器、道具都是特制的，极为精致考究。特别是衣冠整齐、服饰鲜艳的木偶备受青睐。而戏中又尤以武将、武旦光彩照人，他们或明盔亮甲，长髯挂面，背插"飞虎旗"，气度不凡；或凤冠霞帔，雉尾高翘，花枝招展。加之木偶动作潇洒利落，格斗动作精湛，这很大程度上决定了杖头木偶擅长表演历史闹剧、武打戏。

石阡木偶戏具有浓郁的地方文化特色，深刻地反映了当地人民的心理文化特点，经过历代世人的传承、发展与创新，在道具、表演方式、剧目、唱腔等艺术形态方面均较为成熟，是一种发展得相对完备的民间戏剧品种，具有厚重的民间文化底蕴和极高的研究价值。在石阡县委、县人民政府的高度重视下，石阡木偶戏的抢救、保护工作得到进一步的落实，进入了校园传承并推广，使其得到进一步有效保护。2005 年，石阡木偶戏入选第一批国家级非物质文化遗产名录。

3. 石阡说春

"说春"是石阡侗族人民世代流传下来的一种综合性的民俗活动，主要流传于贵州省石阡县花桥镇坡背村，活跃在"立春"时节前后，其目的在于劝农行耕，祝福风调雨顺、五谷丰登。

说春活动在立春前后进行。相传这个村里的封姓人家是唐朝时所封的"春官"后代，春词中"唐朝差我送春人，特来贵府开财门"就说出了说春之起源。据《石阡府（县）志》记载，明、清时期，每岁立春之时，知府官僚人等都要整装集队，扎"芒神、纸牛""迎春于东郊"，打马游街，大摆宴席，"行鞭春礼"，然后知府带队赴城南的"劝农厅"劝农，带头犁田。这时，封姓人家则走村串户进行说春活动。"正月立春雨水节，不犁山土要犁田""人人要学庄稼佬，不久就得新米尝"等劝勉人们珍惜时光、勤恳劳作的词语，在乡间地头广为流传，表达了侗族人民勤劳朴实的传统美德。封家说春属于"说正春"，一般为家传，不传外姓，并受特定的说春地域限制，即在镇远、施秉、三穗、玉屏、岑巩五县范围内进行。

作为侗族的民族传统，"说春"保存了独特民间音乐艺术、民间说唱艺术的原本文化圈子，既吸收了其他民族的文化成分，也在其他民族中传播，蕴含着石阡侗族独特的农耕意识。其残留有较多侗语因子，对侗族民族语言及其演化具有重要的价值。同时，"说春""春词"的演唱采用侗以及土家、苗、仡佬等民族民间曲调来演唱，是研究各民族民间音乐及其交融的主要例证。2011年6月，"说春"入选第三批国家级非物质文化遗产名录。

4. 石阡仡佬族毛龙节

"石阡仡佬毛龙"是石阡仡佬族世代流传下来的民间信仰的表现形式，源起于古代仡佬的"竹王"崇拜和生殖崇拜。据《石阡县志》记载，"（龙）灯从唐代起"，仡佬族民间亦流传有"唐魏徵梦斩金骨县长老龙之子"的故事。

"石阡仡佬毛龙"有着丰富的文化价值、独特的民族性、地域性及多样性的社会功能，是仡佬族民族信仰的显现标志，是研究古代仡佬族文化交流的又一例证。对仡佬族语言、工艺、歌舞等方面研究具有启发性意义，其蕴含的丰富的图腾崇拜及宗教崇拜是研究仡佬族民间宗教构成心理的又一重要路径。2005 年，石阡仡佬毛龙节入选首批国家级非物质文化遗产名录。

5. 思南花灯戏

思南土家族的花灯戏是在土家族花灯歌舞的基础上，逐渐吸取土家族傩堂戏、湘剧、辰河戏及其他戏剧的表演形式而形成的一种独特的民族剧种。它形成于清代道光年间，距今已有 150 多年的历史。思南花灯戏内容丰富，表演形式多样，程式庞杂，其以婉转动听的唱腔、高亮激越的花灯打击乐、优美迷人的舞蹈及美丽独特的服饰道具而备受人们的青睐。作为土汉文化和多民族文化结合的产物，思南花灯戏同时又具备了乌江地域与各民族文化的特质，形成其特有的艺术风格，具有迷人的艺术魅力，成为贵州东路花灯的杰出代表。2005 年，思南花灯戏入选首批国家级非物质文化遗产名录。

6. 铜仁赛龙舟

碧江区赛龙舟具有悠久的历史，早在元朝时期，就有渔人轻舟蓑笠。至明清时期，赛龙舟逐渐成为碧江区城乡大众喜闻乐见并踊跃参与的体育活动，碧江区赛龙舟有着迥异于其他地区赛龙舟的独特寓意。自古锦江多水患，灾害连年。为了驱灾避邪，民众便在洪水频发的端午节举行祭祀活动，划着精心制作的七彩龙船游弋江上，祈求风调雨顺，民生安康。同时向水里扔下上百只鸭子用以供奉水龙王，愿其不再扰民。

2009 年，碧江区被国家体育总局授予"中国传统龙舟之乡"称号，2011 年 6 月入选第三批国家级非物质文化遗产名录。

7. 沿河土家族自治县土家民歌

土家族高腔山歌是土家族民歌的重要组成部分，是土家族面对大山的自然环境，在生产生活过程中用以抒发情感、传递信息、传播知识、传授技能、教化行为的重要载体。

土家族高腔山歌如大山一般绵延高亢，音乐性格真挚、质朴、奔放、嘹亮。歌唱中运用"滑""倚""颤""喊""假声"等表现手法，配以拖腔与衬词、方言、方音的结合，具有鲜明的山地特色与土家族地域特色。其调式多为徵调式和羽调式，时有"清角""变宫"音出现。结构多为单乐段曲式，演唱形式有独唱、对唱、齐唱、接唱、一领众和等，给听者留下了深刻印象。

土家族高腔山歌见证了土家族政治、经济、军事及生产、生活的发展历程，是土家族山地文化与农耕文明的具体表现，具有重要的文学、历史学、美学与音乐学价值。

2014 年 12 月，沿河土家族民歌入选第四批国家级非物质文化遗产名录。

8. 玉屏箫笛制作技艺

玉屏箫笛始创于明代末期万历年间，称"平箫"，后称玉屏箫。玉屏箫是中国著名乐器之一，1913 年在英国伦敦国际工艺品展览会上获银奖，1915 年在美国旧金山召开的巴拿马太平洋万国博览会上获金奖，被誉为"贵州三宝"之一。玉屏笛据传是郑家子孙在抗日战争时期以本地水竹做成的笛子，音色远胜南北各地所产的竹笛，称"玉笛"，而将箫与笛配对，则称为"平箫玉笛"。新中国成立后，"平箫玉笛"在国内多次获奖，产品远销日本、美国等地。

玉屏箫笛名扬海外，在中国乐器中独树一帜。早在 1 世纪玉屏所在地——平溪，就有箫笛流传。近代玉屏箫笛制作的艺人最有名的是郑氏，现在是箫笛制作的主要厂家。其生产工艺独特，具有很高的观赏价值，其产品是一种极具收藏价值的高档旅游商品。2005 年，玉屏箫笛入选第一批国家级非物质文化遗产名录。

二、非物质文化演出模式

　　铜仁市文化旅游资源存在分布分散性和同质性现象，文化资源在相邻的地方都有，或者是在每个地方只具有一个或几个侧面特色，没有整体性。因此铜仁市在非物质文化资源开发中需要采取主题化、集约化的手段，进行资源的聚合，通过移植、借势、嫁接等手法，实现资源的优化配置和整合。

　　在非物质文化遗产项目德江傩堂戏系列化产品谱系和整体性的深度体验社区，在主题凝练中将文化情境化，如德江傩堂戏的"娱人"部分，可以使旅游者参与其中，从而留下自己的、唯一的、值得回忆的感受，达到身临其境、感同身受的效果，实现侗族风情立体化的全面客户体验。

　　在文化保护和开发利用过程中，应传承德江傩堂戏文化精髓，让文化背后的经典人文故事和历史遗迹重新散发出新的活力，并成为文化旅游的重要吸引力。

第三节　文化创意旅游融合发展路径

　　特色化是推动铜仁市文化创意旅游产业转型升级，体现旅游文化独特魅力之所在。要突出铜仁市多元历史文化、绚丽民族文化的鲜明特色，重点建设一批具有较高水平的文化创意旅游产业园区、精品景区、民族特色城镇和乡村，开发一批具有地方文化、民族文化特色的旅游文化产品，培育打造一批旅游文化演艺精品和民族文化节庆品牌，进一步增强铜仁市旅游文化的吸引力和产业核心竞争力。

一、政策高屋建瓴

应制订文化旅游产业发展政策，包括产业组织政策、产业结构政策等。产业组织政策的主要内容是通过利用规模经济、组织适度竞争秩序、提高产业技术等途径，实现产业组织的高效化和合理化。产业结构政策的核心是促进产业结构的合理化，提高产业结构的转换能力，从推动产业结构合乎规律的转换中求速度、求效益。产业结构政策包括产业计划、经济立法、税收结构、预算分配结构以及价格政策、信贷政策在内的调节系统。

（一）统筹规划，优质发展

加强顶层设计，加快对文化旅游产业管理体制机制的改革创新。组织相关人员，按照"融合品牌化、布局区域化、经营集约化、生产标准化"的要求，合理规划文化产业发展。突出少数民族地域文化特色与创意设计，有效保护历史文化街区和历史建筑，建设形象鲜明的民族特色文化城市，重点规划产业与文化融合建设，重视对文化内涵的审查、梳理和再创造。因地制宜地融入文化元素，培育民族文化品牌，开发文化产业市场。强化统筹协调，积极促进文化与旅游在规划、项目、资金、节会、产品等方面共享资源信息、支持政策、发展平台，实现深度融合、快速发展。借鉴吸收国内外文化旅游的先进理念和成功经验，科学制订文化旅游发展规划，提高资源开发层次和水平，实现经济效益、社会效益和生态效益同步提升。

（二）拓宽资金渠道，完善配套政策

加大对文化旅游产业的支持力度，建立和完善文化创意旅游产业项目和企业认定标准。发挥财政税收政策的扶持引导作用，政府的投入重点用于文化旅游宣传推介和交通等基础设施建设。用足用好国家和贵州省出台的支持文化产业、旅游产业发展的各项优惠政策,全面落实市委、市政府加快建设旅游强市的工作部署,在财政扶持、金融支持、税费优惠、用地保障等方面倾向旅游文化消费市场。充分利用国家关于金融支持文化产业发展的政策,开发和推广适合文化旅游产业特点的保险品种。推动通过财政贷款贴息等措施,调动金融机构扶持文化旅游产业发展的积极性。鼓励商业银行创新信贷产品,提高专业化服务水平。扩大文化旅游企业直接融资规模,鼓励、支持、引导处于成熟期、经营较为稳定的文化旅游企业上市融资;鼓励、推动成长型的文化旅游企业通过发行短期融资券、中期票据、中小企业集合票据等企业债务融资工具,多渠道筹措发展资金。积极引导民间资金进入文化旅游产业领域,鼓励社会资本进入文化旅游产业。搭建金融对接文化旅游产业的公共服务平台。

(三)市场转型,产业升级

采取以市场需求为导向、以市场运营为手段的互补共赢的思维方式,完善产业综合竞争力,调整文化产品结构,整合文化创意旅游市场资源,加强文化创意旅游产品深度开发,形成文化旅游市场的共赢。要从建立大市场的高度,营造创意旅游大环境,延长文化旅游产业链条,实现文化旅游产业结构的全面升级和优化,推动铜仁市文化旅游产业发展。

二、搭建公共服务平台

(一)重大文化惠民工程

建设公共文化服务体系建设工程,均衡配置公共文化资源,积极鼓励和引导各方力量加入文化公共事业,健全文化事业服务体系。建设铜仁市公共图书馆、民族文化馆、创意文化博物馆、铜仁广电中心、工人文化宫、妇女儿童中心、青少年活动中心、群众文化艺术中心等项目。新建和改扩建一批县级图书馆、文化馆、档案馆、妇女儿童中心、青少年活动中心、群众文化艺术中心。新建和改扩建镇（街道）、村级文化活动中心、农村文化大院和乡村学校少年宫。实施公共电子阅览室建设计划、农村数字电影公益放映项目等。

加快推进文化信息资源共享工程和网上思想文化阵地建设，广泛开展社区文化、村镇文化、校园文化、家庭文化等群众性文化及民族文化进校园活动。加强抢救性文物保护、历史文化名城名镇名村保护设施建设，加大古建筑群保护，完成古城修缮工程。

（二）少数民族文化遗产保护工程

1. 传统村落文化遗产保护工程

加强对列入中国传统村落名录的村落的保护，全面保护民族村寨、特色民居、历史建筑、文物古迹，对少数民族语言文字、民族风俗等进行抢救，保持传统村落空间、文化、价值的完整性。

2. 建设文化旅游产业融合基地

根据文化产业发展规划，经过 5～10 年努力，可建成一个大型文化园区和一批重要的文化基础设施，培育出一批文化产业龙头企业，构建特色鲜明、支柱较多的文化产业体系，推出一批文化精品和一批文化人才，不断提升文化创新能力；文化产业增加值的年均增长速度高于 20%，文化产业对 GDP 的增长贡献率达到 4%～5%，成为新的经济增长点和支柱产业，文化在经济社会发展综合实力竞争中的地位和作用更加突出。

江口县建成养生之都、佛光之城，松桃苗族自治县建成国际苗族文化城，石阡县建成国际旅游休闲养生目的地、温泉之都，印江土家族苗族自治县建成避暑之都、书法之城，德江县建成黔东北区域中心城市、傩戏之乡，思南县建成黔中首郡、乌江明珠，沿河土家族自治县建成铜仁北入长江桥头堡、土家文化城。支持德江、思南撤县建市，支持德江县建成黔东北区域中心城市，推动江口县撤县设区，稳步推进乡镇行政区划调整。将铜仁市现有文化产业基地建好，同时计划创建 5 个国家级文化产业园区，建设文化旅游产业园区 40 个，进一步建成创意旅游、影视基地等。

3. 非物质文化遗产保护工程

充分发挥优势，以"民族文化传承体验和自然生态体验"为诉求点，以少数民族文化体验理念，深挖少数民族饮食、服饰、居住、祭祀、婚庆、农耕、节庆、"非遗"八大文化旅游体系。加强非物质文化遗产保护，开展非物质文化遗产数字化工程，将非物质文化遗产以文字、图片、音频、视频的形式保存起来，并录入数据库，完成全市国家级、省级、市级非物质文化遗产代表性项目数字化工作。在此基础上，创新、提炼、升华、挖掘非物质文化遗产，改变以往传统规划模式，全部采用少数民族文化元素，突出民族文化精髓，逐渐将其培育为高附加值项目载体，具有原创性和不可模仿性，使项目具备独特的市场发展空间和核心竞争力。

4. 重大特色文化工程

深入打造碧江龙舟、万山鼟锣、玉屏箫笛、松桃绝技绝活、江口金钱杆、石阡毛龙、印江书法、思南花灯、德江傩戏、沿河土家山歌等特色文化品牌。高屋建瓴，全面而动态地展示少数民族文化，构建立体化文化宣传体系，不断推出原创文化产品和服务，推动特色文化产业发展。强势推进少数民族非物质文化遗产展示、博物馆巡回展示、少数民族祭祀仪式活动等。同时，完善少数民族博物馆、美术馆等公共文化设施功能，提高展陈水平。

5. 推动少数民族文化遗产保护大数据平台建设

开展侗族少数民族艺术数字化保护与传承等工作，形成"互联网＋"少数民族文化创意系列数字产品。建设与保护少数民族非物质文化遗产品牌应用、少数民族原始建筑村落数字漫游应用、少数民族原始建筑村落虚拟空间还原应用示范（3D）。大力推动传统文化单位发展互联网新媒体，推动传统媒体和新兴媒体融合发展，提升铜仁市先进文化互联网传播的吸引力。

三、创建文化旅游名优品牌

（一）创新融合、转型升级

采取"文化＋旅游"模式，建立山地温泉旅游产业带、民族温泉健康产业带和文化创意温泉产业带。

自西往东，产业带上重要区、县节点分别为：关岭布依族苗族自治县—水城县—赫章县—大方县—织金县—清镇市—贵阳市乌当区—都匀市—平塘县—独山县—荔波县。依托区、县的黄果树瀑布、屯堡景区、百里杜鹃、织金洞、荔波樟江等旅游目的地，强化健康温泉旅游目的地概念，突破贵州旅游的季节性，将景区游览和 365 天健康温泉疗养相结合，组合发展多重旅游产品。

自北往南，产业带上重要区、县节点分别为：沿河土家族自治县—德江县—思南县—石阡县—施秉县—黄平县—台江县—剑河县—黎平县—从江县—榕江县—荔波县。依托各县的少数民族特色裸浴、苗药、瑶浴、中草药种植等，搭配温泉健康理疗计划、温泉健身保养计划、温泉美容计划、少数民族温泉药浴等课程，运用科学理化指标对每个温泉游客提供免费检测，同时收集大数据，将当地少数民族文化、洗浴文化、医药文化和温泉康疗深度结合，提升游客的体验感和对民族医药的认同感，延长旅游度假的时间。

自西往东，产业带上重要区、县节点分别为：仁怀市—遵义市—湄潭县—余庆县—石阡县—岑巩县—玉屏侗族自治县—铜仁市。依托市、县的特色文化，如仁怀市的酒文化，利用温泉和酒糟打造"酒温泉"；湄潭的茶文化，茶与矿泉水、茶多酚与小分子矿泉水结合的美容产品；岑巩思州文化，砚艺术小镇与温泉小镇的融合等，再赋予文化创意艺术，提升为高品位、高品质的产物，差异化拉动各地区的产业发展。

（二）开发城市文化旅游

深入挖掘铜仁城市经济圈及周边地区少数民族历史、民俗、建筑、饮食、服饰、宗教等文化传统，通过博物馆、艺术馆、民俗文化村、民居客栈以及充满地方民族符号包装的商业、宾馆、酒吧、咖啡馆、歌舞剧院等设施，加上民族节庆表演、歌舞演出、特色体育、民族文化论坛等载体，提升老城区的品质和内涵。

建议办好铜仁市相关国际文化博览会、铜仁市生态文化国际旅游节、茶叶产业博览会等重点节会，鼓励县、镇社会团体及企业举办各类文化旅游活动，全面宣传推介铜仁市文化旅游项目和产品，放大节庆品牌效应，以节庆促销，以节庆促游。以东亚、东南亚、中西亚、欧洲为重点，以建交纪念日、节庆日等为时间节点，积极组团赴东南亚沿线国家和地区开展"茶叶文化周"文化旅游推介会等活动，加快推动铜仁市文化旅游品牌"走出去"。充分运用传统媒体、新媒体、自媒体开展多层次、全方位的营销推广，全面提升铜仁市文化旅游品牌的知名度和影响力。

（三）开发梵净山文化产品

1. 推动环梵净山文化旅游创新区提档升级

建议铜仁市政府创建"中国梵净山生态文化旅游示范区"，以便在发展生态旅游产业及创意产品开发等方面得到国家和贵州省更多的支持。为了丰富文化内涵和独特魅力，市政府通过市场运作，打造一台具有民族和山地特色的演艺节目，打造更多文化精品，培育新型文化业态。

2. 大力传承民族文化，制定完善少数民族文化保护发展规划

高度重视文物和非物质文化遗产保护工作，挖掘传承民俗民间文化，让民族文化基因代代相传，推动铜仁民族文化"走出去"。保护利用生态文化，合理开发利用梵净山、佛顶山、乌江等生态文化资源，让生态资源成为支撑铜仁永续发展的基础性战略资源；大力弘扬红色文化，教育引导广大干部群众从厚重的红色资源中汲取营养，继承和弘扬革命先辈精神，自觉践行社会主义核心价值观。大力挖掘佛教文化，办好梵净山生态文明与佛教文化论坛，建成"四大天王寨、十八罗汉村"人文景观、梵净山佛教文化园、弥勒文化博物院，使佛教文化与建设社会主义先进文化、构建和谐社会相适应。以影视、文学、美术、音乐、舞台艺术为重点，组织全市文艺工作者广泛开展"深入生活、扎根人民"主题的实践活动，培育一批在全市甚至全国范围内有影响的铜仁文学文艺家群，为全市文化产业发展提供人才支撑。

3. 加大环梵净山文化旅游创新区景区景点建设

突出做好"两山"（梵净山、佛顶山）"一水"（温泉）"一石"（思南石林）的文章，开发差异明显、特色互补的旅游产品，让游客游览一处感受一种文化、走一步体验一种新奇，打造具有综合竞争力的高品质文化旅游区域，建成国际休闲养生目的地。

实施文化旅游景区提升行动，以梵净山景区旅游改革为突破口，深度挖掘梵净山"一核两带"等景区文化内涵，丰富参与互动项目，打造高端体验项目，带动全市文化旅游创新融合、业态转型升级。实施旅游

文化演艺推进行动，搭建文化演艺机构和旅游景区之间的交流对接桥梁，使景区实现驻场演艺常态化。凝聚少数民族民俗、婚姻、宗教、农耕等文化元素，开发再现、活化、衍生等系列主题旅游产品，实现文化产业和旅游产业相互促进、共同发展。

（四）少数民族创意产品

运用创意设计手法，从政治（军事）、经济（民俗）、文化（文学艺术）等方面取材，挖掘人物故事创意，创新工艺品设计，优化旅游体验结构，推动旅游纪念品设计。创新特色和个性的旅游纪念品，确保游客的参与性与旅游纪念品的独特性，更好地满足游客的需要。

另外，不断开发礼仪休闲用品、少数民族服装服饰、数字产品、少数民族食品、少数民族文化体育用品等创意品牌，形成一批综合实力强的自主文化品牌，提高铜仁市整体效益和竞争力，使游客在愉快的购物体验活动中认识文化的历史，产生审美愉悦。

（五）少数民族特色小镇

一是依托少数民族文化底蕴，策划梵净山文化小镇，规划集民族特色文化广场、休闲饮食与客舍、民族风情园区、特色商贸购物区、游客服务中心及其他服务配套设施为一体的特色民族村镇，将乡村打造成以少数民族文化为主要表征和内涵的现代旅游文化综合体。

二是从产业生态化、园区景区化、景区全域化的理念出发，将旅游业与现代农业产业结合，根据全市不同地区的土地特点，种植适合的具有高经济附加值的经济作物。目前计划实现柑橘、柚子、葡萄等的栽培。同时，利用不断丰富的农业产品、农事景观、乡土文化等创意和设计，着力培育一批休闲农业知名品牌，提升农产品附加值，促进创意和设计产品产业化，进而建设集农耕体验、田园观光、教育展示、文化传承于一体的休闲农业庄园。

（六）茶文化产业融合发展

1. 坚持文化创意与茶叶产业布局结合

大力发展旅游文化新产品新业态，突出资源特色，打造高端精品名牌。突出茶文化资源特色和区位优势，积极推进茶叶品牌整合提升打造，打造梵净山翠峰茶、石阡苔茶等品牌，大力开发茶饮料、保健茶、茶多酚等新型产品。着力打造具有较强核心竞争力的高端旅游文化产品体系，做好优质旅游文化服务，推进旅游文化产业转型升级和提质增效。

2. 培育茶园旅游精品名牌

精心培育印江、松桃、江口、梵净山等旅游休闲精品茶园名牌，着力打造茶园品牌形象体系。同时，整合旅游宣传促销资源，充分利用各种宣传媒介和促销渠道，加大茶叶产业宣传促销力度，推进区域茶叶产业合作和交流，不断提升茶产业的知名度和市场竞争力，促进茶产业跨越式发展。

（七）温泉为媒的大健康产业

以大生态、大健康为目标，顺应人们越来越注重身心健康、养生、养老等消费需求，有效利用全市地热、温泉密集的优势，开发建设以温泉养生、康复疗养为重点，理念创新、设计新颖、设施配套的温泉养生度假产品。充分发挥全市森林资源丰富、分布广泛的优势，大力开发以"天然氧吧"森林康体浴等为特色的森林康复疗养产品。

充分发挥铜仁市丰富的中医药、民族医药、生物保健等资源优势，重点建设一批医疗健康旅游项目，打造以治疗、康复、保健、美容等为重点，以休闲度假为补充的养体养心与医疗健康旅游产品，建成国际著名、国内一流的医疗健康旅游目的地。

充分发挥铜仁市自然生态、地质地貌、立体气候等资源环境优势，面向中青年养生、老年人养老等消费市场，结合养老服务业发展，重点建设一批养老养生基地，大力开发多样化、多层次的养老养生旅游产品，不断丰富养老养生内容，满足日益增长的养老养生旅游需求，努力把健康养生旅游培育成为铜仁市旅游文化产业的新品牌和新亮点。

（八）梵净山体育项目开发

运用现代科技，再现虚拟时空，构建虚拟体验系统。体验者根据扮演的角色，设定一定的故事情节，通过操纵杆可以以多种方式（如步行、车行、飞行等）自由地漫游在虚拟的历史场景中。在这个系统中，参观者化身为虚拟的人物形象在虚拟场景中活动，除了可以随心所欲地徜徉在历史时空中，还可以和与他们擦肩而过的历史人物进行互动，其他的观察者可以通过立体眼镜观看体验者的神奇之旅。

同时还可以打造高端梵净山国际登山大赛、梵净山山地自行车大赛、玉屏国际箫笛演奏大赛等重大赛事活动。充分发挥全市独特的高原体育训练、户外运动和立体气候环境等优势，积极发展极限运动、定向运动、拓展训练、翼装飞行、滑翔伞、热气球、江河漂流等为重点的户外运动产品和时尚体育旅游产品。高科技的运用就是在梵净山体验模式和游憩方式上进行创新，应充分运用高科技手段，增加互动性、娱乐性和动感化体验项目。

四、实施文化创新人才培训计划

（一）健全培养机制

实施少数民族文化创新、创意人才培养计划，凝结民族地区人才的力量与才智，是增强民族文化软实力，贯彻落实科学发展观，构建社会主义和谐社会的客观要求与必然选择。

（二）建设校园文化基地

抓好文化政策落实，建立高校非物质文化基地，强化监督指导。建议市政府及有关部门要加强对所属高校非物质文化基地的指导和建设工作，要加快完善本地或本部门促进高校科技成果转化的政策法规，在基地落实落细，支持和推动高校探索符合本校实际、具有本区域特色的改革政策，同时要加强对所属高校基地建设过程的监督与检查，规范基地的日常管理，加快形成一批可复制、可推广的经验和政策，积极探索机构化、市场化、职业化、国际化有效机制。

（三）打造创新型人才和文化管理型人才

发挥职业教育在文化传承创新中的重要作用，重点建设一批少数民族文化传承创新专业点。推动民间传统手工艺传承模式改革，培养一批具有文化创新能力的技术技能人才。拓宽少数民族传承人范围，建立健全文化传承人保护机制。按照阶梯式年龄段培育热衷于本民族文化的艺术人才，缓解少数民族文化人才青黄不接的断层局面。推动实施文化创意和设计服务人才扶持计划，营造有利于创新型人才健康成长的制度环境。

为满足少数民族农民文化生活的需求，加强文化管理人才与专业技能人才的培养，继续与院校合作，实行高层次人才培训计划，开设文化创新、创意相关课程，同时，聘请专家进行远程教育培训。

第四节　梵净山山地生态文化创意旅游策划

梵净山位于贵州省铜仁市的印江土家族苗族自治县、江口县、松桃苗族自治县交界处，为武陵山脉主峰，海拔 2 572 米。原始生态保存完好，

1982 年被联合国列为一级世界生态保护区。梵净山拥有丰富的野生动植物资源，如黔金丝猴、珙桐等珍稀物种。这里风景美丽，进入山区完全不见人工景色的痕迹，其主峰的"蘑菇石"是著名的一道景观。朝拜地——老金顶（梵净山老山）海拔 2 494 米，新金顶（新山）海拔 2 336 米。

梵净山是云贵高原向湘西丘陵过渡斜坡上的第一高峰（相对高度达 2 000 米），它不仅是乌江与沅江的分水岭，而且还是横亘于贵州、重庆、湖南、湖北四省市的武陵山脉的最高主峰。梵净山是武陵山脉的主峰，是国家级自然保护区，是联合国"人与生物圈保护区网"成员，总面积 567 平方千米。梵净山全境山势雄伟，层峦叠嶂；坡陡谷深，群峰高耸；溪流纵横，飞瀑悬泻；古老地质形成的特殊地质结构，塑造了它千姿百态、峥嵘奇伟的山岳地貌景观。典籍上考证，梵净山唐朝以前称"三山谷""辰山""思邛山"，明代以后称"梵净山"，"梵净"乃"佛教净界"之意。

梵净山的闻名与开发均起源于佛教，遍及梵净山区的四大皇庵、四十八脚庵庞大寺庙群，奠定了梵净山为著名"古佛道场"的佛教地位，为中国五大佛教名山中唯一的弥勒菩萨道场，佛教文化为苍茫的梵净山披上一层肃穆而神奇的色彩。梵净山植物类型多样，森林是梵净山区生态系统的主体，森林资源是其生物资源的核心。它既是生态系统的第一性生产者，又是能量流动与物质循环的枢纽；同时因其特殊的层次结构，形成了动物、微生物赖以生存的栖息地。

一、开发背景分析

（一）增强旅游引擎功能，助推美丽梵净山建设的需要

围绕梵净山区，充分发挥旅游产业引擎功能，提升人居环境，着力推进环梵净山区绿色发展、低碳发展、持续发展，加快美丽梵净山建设。

（二）推动城乡一体化建设，带动农民脱贫致富的需要

充分发挥旅游业对农村经济、就业、扶贫及其他相关产业的带动作用，大力优化农村发展环境，改善基础设施，促进农村经济发展和农民脱贫致富，着力统筹城乡发展，加速实现梵净山区城乡一体化。

（三）发挥旅游节点作用的需要

梵净山地理区位独特，交通区位优越，是连接江口、松桃、印江县（自治县）的重要节点。加快旅游景区建设，大力发展旅游业，对于整合区域旅游资源，加强旅游区域合作，推动铜仁市旅游业发展具有重要意义。

（四）借力乡村旅游发展，引领美丽家园建设的需要

按照宜农则农、宜旅兴旅的要求，以旅游业与农业融合发展的目标，积极调整农村产业结构，引导周边村落发展生态农业、乡村旅游等产业，着力促进产业转型升级，以乡村旅游发展为契机，推动乡村美丽家园建设。

（五）加强地方文化传承与保护的需要

项目区所在地资源较富集，文化底蕴深厚，地质文化、古建筑文化、农耕文化等多种文化在此汇集，以旅游业发展为契机，科学开发文化资源，有利于促进地方文化的传承与弘扬。

二、开发条件分析

（一）优势条件

1. 区位优势明显

项目区位独特，位于贵州省东北部印江土家族苗族自治县、江口县、

松桃苗族自治县三县边境，节点作用明显。从地理区位上看，国家级保护区梵净山位于贵州省东北部的铜仁地区，梵净山山门距铜仁市 80 千米，距省会贵阳 460 千米。有重庆—梵净山、湖南凤凰—梵净山、凤凰—铜仁—印江梵净山、梵净山—云舍土家族村寨—太平河、江口—大龙—贵阳（高铁）、广州—梵净山、长沙—梵净山等交通线路。

2. 旅游发展具备较好基础

（1）旅游资源类型丰富

项目区景观奇特，资源丰富，类型多样，具有较高的开发价值。

气候资源：项目区植被葱郁，生态优良，气候宜人，是休闲度假的好去处。

景观资源：梵净山山地峰林景观保存较好，极具典型性和代表性。

田园风光：民居、群山、河谷等组合而成的乡村田园风光、原汁原味、清净悠然。

（2）旅游发展基础较好

区内旅游资源经过一定的整合性开发，成功打造了国家级度假区，并具备了一定的旅游市场影响，借助区位、交通和环境优势，以民族村寨为主体的乡村旅游形成了较好的发展氛围。

3. 文化内涵丰富

项目区历史文化悠久，文化内涵丰富。民居文化底蕴深厚，特色鲜明、建筑奇特。

（二）劣势条件

1. 观念落后

一是旅游开发建设缺乏科学规划和统一管理，城镇、生态规划和建设缺少旅游功能，旅游配套设施不完善，不能适应现代旅游发展的需要；二是由于大环境制约，没有重视新型旅游项目的开发与创意设计，政府资金导向性投入不足，社会招商成效不大。

2. 农民新建住房缺乏规划且无特色

项目区范围内民居建设缺乏规划、房屋杂乱、建筑缺乏特色，一定程度上破坏了原汁原味的乡村风貌。

3. 经济基础比较薄弱

以传统种养殖业为主，经济结构相对单一，农产品附加值不高，农民收入来源、经济基础比较薄弱。

4. 旅游景区景点可进入性差

山地旅游区（点）建设相对滞后，吸引力不强。旅游交通服务体系的不完善制约了景区景点的可进入性，重点旅游区仍存在交通制约的问题，给旅游业发展带来不利影响。

5. 没有形成个性化山地旅游目的地

旅游资源开发度低，多数资源受规模小、位置偏、空间分布散等因素的制约，整合难度大。主体产品、规模产品少，旅游产品结构单一，季节性很强，深层次开发和动态展示不够。

三、总体定位

（一）目标定位

梵净山国家休闲公园主景区、国家 5A 级旅游景区、城乡一体化示范区。

（二）形象定位

诗意田园、十里画廊、沿山花海、梵山净土。

（三）功能定位

自然山体观光、民俗文化体验、地质科普探奇、田园乡村休闲。

（四）市场定位

以铜仁市及其周边城市为核心市场，以贵州省内其他城市为重点市场，以贵州过境游客为机会市场（主要针对探险旅游、科普教育旅游、自驾游、乡村休闲游等市场）。

四、空间布局

借势环梵净山旅游影响和铜仁市的城市发展，立足梵净山区长远发展，依托梵净山自然资源和文化底蕴，构建"一心集散、一环（梵净山）串联、三县节点和五县联动"的空间结构，打造以此为核心的佛教文化和生态休闲度假旅游区。其中："一心"指碧江区游客服务中心；"一环"指梵净山生态景观环线；"三县节点"指江口、松桃、印江县（自治县）的环梵净山景区；"五县"指江口县、松桃苗族自治县、石阡县、印江土家族苗族自治县、思南县。

五、主要支撑项目

（一）女性修心木屋

1. 规划选址

所选规划地位于梵净山附近的江口县，占地面积3万平方米。

2. 策划思路

拟建 100 座小木屋，为女性游客提供修心、住宿功能。修心木屋位于景区观光车主干道西侧，交通便利；背山靠水，环境静谧清幽，是极佳的修身养性之所。修心木屋日可赏水库山林风光，夜可观星辰变幻，闲暇时刻听晨钟暮鼓。木屋内各项设施一应俱全，布置典雅舒适，同时配有自动生成有机肥的厕所，凸显人与自然的和谐统一。修心木屋背靠的山林面积较大，因此可以将一部分稍微平坦的区域开辟为乐园，种植药材，按照景观审美原则进行分层规划培植。园内可以按照药材的功效进行分类划片种植，主要种植养生药材，如三七、陈皮、杜仲等。各片区之间甬道可用小卵石铺设，宽约 1 米，供休闲游客健身（足部按摩）之用。

在修心木屋旁配备一间素斋餐厅，装修风格与旅游综合服务中心的整体仿古徽派建筑风格统一。同时，为切合梵净山的佛教养生文化，菜品以素菜为主打，如慈心于物（黑木耳养生羹）、凡事包容（海苔素卷）、绿色山菜等。为保持菜品的质量，素斋餐厅所用的食材一律从当地农民处采购，力求天然无污染，为游客提供生态、健康的养生食品。

3. 度假别墅

该项目位于水云间大酒店后方，共设置四栋不同主题的乡间木屋，占地 96 459 平方米。拟建 100 座不同主题风格的木屋，主要有耕读文化主题木屋、浪漫满屋主题木屋、康健养生主题木屋、动漫化原野主题木屋等。

（1）耕读文化主题木屋

体现乡间耕读文化的木屋民宿,室内张贴20世纪六七十年代的报纸，布置20世纪六七十年代的生活物品。主要针对研学游客，向游客传达爱国爱乡、崇文重教、勤劳俭朴、开拓创新的人文精神与价值理念。

（2）浪漫满屋主题木屋

室内采用景区内种植的浪漫的薰衣草、明艳的杜鹃花、清丽的桃花等素材进行装饰，并且室内种植各种颜色的花草。室内的装饰全部都是浪漫主题，包括墙纸、家居用品等，营造一种浪漫的喜庆气氛。新婚夫妇可在充满浪漫的气息里，畅想未来，享受乡村的浪漫文化。

（3）康健养生主题木屋

木屋内应加大对养生体验产品的设计，开发"食养""药养""水养""体养""文养"五养等特色项目，构建能够满足不同游客需求的多档次、多品种、多元化休闲养生产品体系。

（4）茶文化主题木屋

自古以来梵净山地区就是绿色优良茶叶的主产区，有"茶树连坡，香传十里"的盛誉。因梵净山山地处高山南侧，空气湿润，常年云雾绕山，为茶叶的生长提供了良好的地理条件。其中的"山茶"，叶嫩而细小，富含氨基酸与多种维生素。

（5）动漫化原野主题木屋

室内装饰各种动漫人物的海报、墙纸，同时在室内放置绿植，增加木屋的绿色乡间气息，满足青少年游客的需求，增加居住的乐趣。

（二）养生部落项目

1. 养生项目一

规划选址于梵净山附近相对平缓的山地上。在策划思路上，以养生为核心理念，结合瑜伽、辟谷、禅修、艺术家为主题，设计四大部落，部落主要以当地古民居的建筑为设计原型，去繁留简，吸收当地元素符号，设计退台式风格的部落，共规划 53 间，每间建筑面积为 80～100 平方米，同时，给每个部落配备一个美食屋，兼做购物商店，满足游客需求。保留现有梯田不被破坏，营造大地景观观赏体验空间。开展艺术展览、养生会议、禅修课堂等文化艺术活动，使之成为涵盖禅修、养生、艺术等文化活动的集结地。在各部落之间设立开放式耕作区间，生态的部落与悠然的农田相得益彰，共同体现部落的自然与逍遥。

在主题形象设计上，以"依托生态、保护动物、打造休闲新胜地"为主题，以生态为基石，在宁静、优雅且充满野趣的环境中享受美景，在原生态的动物园中野营，营造一种返璞归真的低碳生活氛围。

在功能定位方面，以观光度假、体验休闲、科普教育、动物保护等功能为主。游客可在此欣赏梵净山点地梅等众多花种，同时可以看到各种珍稀野生动物，与动物零距离接触，增强体验感。在观赏花的同时，了解更多与花草相关的植物知识，寓教于乐。

（1）瑜伽部落

通过使用现代和传统结合的养生方法，在整个部落里营造出健康、自然、生态的瑜伽部落氛围。针对不同年龄段的游客群体，量身打造瑜伽塑形、瑜伽健身、瑜伽养生、瑜伽祛病等不同的体验项目。

（2）辟谷部落

通过运用道家、古代医家的辟谷养生秘法，结合现代科学研究，打造身心调理、美容排毒、健康减肥等适合不同游客群体的项目，让游客体验独特的养生方法。充分宣传辟谷养生理念，聘请专业的养生专家，通过专业的指导，在不进食的状态下打通体验者身体与自然的通道，让体验者在梵净山优美的自然环境里吸取自然精华能量，增补人体元气，全面调节人体生理功能和病理系统，体验天人合一的道家养生。还可结合梵净山的本味食材，让游客在辟谷体验结束后又能品味健康生态的美味。

（3）禅修部落

利用景观园林要素创造一个宁静、平和的空间，同时制订严格的禅修制度，打造一个注重修行心灵、与纷扰外界隔离的禅修圣地。禅修部落主要由独立的小精品房组成，简洁大方，能够给禅修者提供床和地铺。

（4）艺术家部落

艺术家部落是当代艺术家创作和生活的聚集区、当代艺术人才的吸引区，一个田园式的当代艺术与创意基地。居住其中的人们可以进行艺术交流和创作，从而深化景区的印记，使游客深受农耕文化的熏陶。

2. 养生项目二

该板块的重点项目包括野生动物园、马术俱乐部、梵净山点地梅、卡丁车。主要以野生动物园为核心，周边建设梵净山多年生草本植物和森林资源，为动物园提供点缀，其他项目都是对现有项目的改造提升。

（1）野生动物园

动物园位于梵净山山谷地带，占地约 3 平方千米，园内分为动物园接待中心、野生动物散养区、小型萌宠表演厅、儿童天地及办公区、员工宿舍等其他配套。野生动物园以"保护动物、保护森林"为宗旨，突出"动物与人、动物与森林"主题。动物园接待中心位于野生动物园入口处，其作用主要是为游客提供接待咨询服务、答疑解惑、休息的场所。接待中心的工作人员负责向游客简要介绍野生动物园的概况及相关注意事项。

（2）野生动物散养区

野生动物散养区位于野生动物园最内侧，该区域内分布大量自由活动的野生动物，包括狮子、老虎、狗熊、麋鹿等大型动物。游客可乘坐带安全笼的车辆在此参观游览，同时喂食动物，真正实现"人在笼中，动物在笼外"的场景，带安全笼的车辆电网和壕沟既能将游客和动物安全隔离开，又能让游客与动物进行零距离接触。

3. 岩壁攀岩基地项目

该项目选址于规划区核心地带，在 567 千米范围内。利用域内现有的自然岩壁，开设户外攀岩项目，利用岩壁角度、石质的多样性设计，多样的攀登路线，让游客接近自然，充分体会攀岩的乐趣。此外，可设计供孩童体验的简易路线及供成年游乐体验的挑战路线，该项目也是旅游区的核心产品之一。

4. 裸足幽径项目

医学研究表明，赤脚走路是日常脚底按摩的一种方式，可以达到保健的目的。计划在旅游区杨家寨所在山体一带向右延伸至仙女洞山脚下，打造鹅卵石裸足幽径。

5. 森林运动基地

沿梵净山山体一带打造集运动、探险、休闲于一体的体验式森林运动基地。根据域内山林的特征，开辟一条供游客探险的户外穿越路线。路线由山岭、丛林、溪流、峡谷等不同地形组成，游客只靠行走的方式完成这一路线，是对自身的勇气和毅力的考验。

第六章
江南古镇遗产旅游与创意产业的融合

本章的主要内容为江南古镇遗产旅游与创意产业的融合，详细论述了文化创意古镇的发展趋势、江南古镇遗产旅游与创意产业的融合路径、江南古镇创意产业与遗产旅游的融合方向。

第一节 文化创意古镇的发展趋势

一、遗产旅游与创意产业融合的意义

（一）遗产旅游与创意产业的融合可以克服旅游发展的弊端

开展遗产旅游，往往难以回避遗产保护与旅游开发的矛盾。现代旅游业由于对旅游资源的不合理开发和旅游从业人员无限制的进入，一些地方旅游环境质量下降明显，资源消耗严重，地方文化特色逐渐消失。如何使文化遗产保护与旅游开发和谐共生，是现阶段协调这种机制需要深入探讨的重要思路之一。大量的事实证明，不能期待旅游开发本身成为保护文化遗产的有效力量，而应在文化遗产保护与旅游开发之间寻求平衡机制[①]。

创意产业开发在一个更高的理论层面上，实现了对文化遗产的保存和活化，遗产旅游与创意产业的融合可以克服旅游发展的弊端。创意产业所要开发的不是文化遗产的物质载体，而是文化遗产的精神内涵，它超越了物质层面而进入精神传承和精神创新的层面。因而文化产业开发不会对文化遗产物质载体造成侵害。通过遗产旅游与创意产业的融合，可以较好地解决遗产保护与旅游开发的矛盾。它既能满足当代人的需求，

---

① 席岳婷，赵荣. 基于创意产业的文化遗产保护与旅游开发 [J]. 长安大学学报（社会科学版），2012（2）：74.

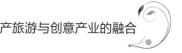

又不损害子孙后代的利益，有益于对自然和文化资源的永续利用[①]。

（二）旅游产业与创意产业的融合具有相互促进作用

首先，创意产业与旅游产业具有共性，创意产业与旅游产业在满足旅游者的精神文化、文化求知需求上具有共性。随着人们的需求不断由低级向高级演进，文化资源中包含的各种文化价值，对应和满足了人们对了解历史知识、民俗风情、传统价值观念和生活方式及进行休闲娱乐等方面的精神需求，使人们能够获得与自己的现实身份和生活方式迥然相异的独特体验，或者能够与消费者形成情感联系，甚至给他们带来身份认同和自尊[②]。并且，创意产业属于知识密集型产业，可以为旅游产业的发展提供科技支撑与技术服务。而旅游产业中的文化旅游产业部分和旅游策划营销部分也属于知识密集型产业，它们边界相容，性质相同。

其次，旅游资源与文化资源具有交叉性。就文化产业而言，文化资源是文化产业的素材和源泉，是文化产业可持续发展的必要条件和基础保障。因此，文化资源的可持续利用也就成了文化产业可持续发展的内容之一[③]。文化资源的主体是历史文化资源，包括物质文化资源和精神文化资源两大类别，遗产旅游资源主体也是历史文化资源，包括物质文化遗产资源和非物质文化遗产资源两大类别。历史文化资源因其蕴含的文化价值和文化意义，在给消费者带来精神享受的同时，也给生产者带来利润和收益[④]。

最后，旅游产业和创意产业都具备可融合性。创意产业强调原创性知识对其他产业的融入和增值，旅游业是对各个旅游相关产业的解构后形成的体系，其存在相当大的创意融合空间，同时创意产业本体也可以

① 王兆峰，王喜林. 文化旅游创意产业发展的动力机制与对策研究［J］. 山东社会科学，2010（9）：120.

② 马黎明. 基于历史文化资源优势的文化产业发展目标与重点［J］. 齐鲁学刊，2015（4）：97.

③ 胡惠林. 我国文化产业发展战略理论文献研究综述［M］. 上海：上海人民出版社，2010.

④ 马黎明. 基于历史文化资源优势的文化产业发展目标与重点［J］. 齐鲁学刊，2015（4）：97.

纳入旅游的综合体内。旅游可以创意化，创意可以旅游化，无论从价值体系还是从空间布局来看，旅游产业和创意产业都具备可融合性。融合不仅是单体结合而且还是两个关系资本的整合，能够更为充分地发挥协同效应①。

（三）旅游产业与创意产业融合可以发挥"1+1>2"效应

创意产业具有高附加值特征，可以为旅游产业链的延长、产业面的拓展提供产业融合的基础与条件，创意产业可以增进旅游业的精神文化内涵。创意的立足点是文化，利用文化创意实现文化和旅游的结合，充实旅游的精神文化内涵是增强旅游竞争力的有效途径，同时也是提升旅游品位的关键所在②。

可见，旅游与创意产业融合实质上是创意对旅游的增值过程，是创意增强旅游吸引力的过程，也是旅游从单纯依赖自然和历史人文资源转型进入主动创造文化价值的过程。融合不一定会有新生体或是新的行政管辖对象的诞生，而更可能是理念的转变、流程的改造或是展现方式的创新③。创意产业增强了旅游业的精神文化内涵，将是我国旅游业未来发展的努力方向之一④。

（四）遗产旅游与创意产业的融合具有延长产业链的作用

遗产旅游与创意产业融合而形成遗产旅游创意产业链，该产业链以

---

① 杨颖. 从业态多样性现象透视旅游业转型发展：以旅游业与创意产业融合为例 [J]. 旅游论坛，2008（6）：382.

② 王兆峰，王喜林. 文化旅游创意产业发展的动力机制与对策研究 [J]. 山东社会科学，2010（9）：120.

③ 杨颖. 从业态多样性现象透视旅游业转型发展：以旅游业与创意产业融合为例 [J]. 旅游论坛，2008（6）：382.

④ 王兆峰，王喜林. 文化旅游创意产业发展的动力机制与对策研究 [J]. 山东社会科学，2010（9）：120.

文化遗产的旅游资源开发、旅游产品设计、旅游品牌销售等为核心，围绕遗产旅游资源的开发与利用、保护与传承而形成。在整个产业链中，文化创意与旅游彼此相互交织、融合，成为一个综合产业链。

对于非物质文化遗产创意旅游而言，随着社会生产专业化分工与协作的深入发展，非物质文化遗产创意旅游产品的开发、设计、销售显然难以由单一的企业承担，如非物质文化遗产的保存、展示可利用计算机绘图、仿真、数据传输等技术，非物质文化遗产的传播需要借助手机媒体、网络媒体等现代新兴传媒产业，这就促进了非物质遗产旅游创意的参与主体在产业运营过程中的彼此合作[①]。故此，有学者将遗产旅游认定为限定性旅游类型，即以生态平衡旅游为目的，做到旅游主体、旅游客体、旅游媒体和旅游环境协调共生下的旅游整体的系统化和最佳化[②]。特别是对于非物质文化遗产旅游，它通过深入挖掘、充分展示文化遗产所蕴含的文化内涵与精神品格实现对文化的有效传承。二者的融合还进一步促进了非物质文化遗产旅游产业的升级换代，催生出全新的产业形态，并吸引越来越多的行业向非物质文化遗产旅游创意产业靠拢，进而形成产业链并且不断衍生[③]。

（五）遗产旅游与创意产业的融合可以推动文化遗产的创新

这一点突出表现在非物质文化遗产旅游与文化遗产融合上。非物质文化遗产旅游主体负载着一定的文化因子，不仅将文化传播到异地，也受到异地文化和风俗的影响。在这种跨文化的交流中，一方面非物质文

---

① 荣浩.基于文化软实力视角的非物质文化遗产旅游创意产业发展研究[J].旅游纵览,2014(1)：26-27.

② 席岳婷，赵荣.基于创意产业的文化遗产保护与旅游开发［J］.长安大学学报（社会科学版），2012（2）：74.

③ 荣浩.基于文化软实力视角的非物质文化遗产旅游创意产业发展研究[J].旅游纵览,2014(1)：26-27.

化遗产所蕴含的文化内涵与精神品格将获得新的理解与发展；另一方面，非物质文化遗产所蕴含的文化内涵加入具有普世性的精神价值，超越价值观念的障碍，更容易引起全球各地民众感情共鸣和价值认同。因此，非物质文化遗产旅游在中华民族文化的传承与发展中发挥着独特的作用，这些文化元素的深度融合必将赋予中华文化鲜活的生命力和强大的竞争力[①]。

二、"旅游＋"视野下文化创意古镇的发展

（一）创意产业在江南地区的发展

随着创意产业的发展，其在城市产业经济结构中开始呈现出主导性影响，并越来越成为城市经济结构的核心支柱。同时，创意产业还越来越呈现出一种"无边界"的发展趋势，从早期一种依赖文化资源开发的产业形态转变为凭借元创意可以融合任何产业类型并形成全新产业业态的经济类型[②]。

上海坚持"创意产业化，产业创意化"的理念，把创意产业作为现代服务业发展的重点，于 2008 年 6 月出台《上海市加快创意产业发展的指导意见》，对上海创意产业的发展做了全面规划。该指导意见提出，要以原创设计为核心、文化内涵为要素、相关产业链为聚合，建成以研发设计创意、建筑设计创意、文化传媒创意、咨询策划创意、时尚消费创意等为发展重点的创意产业集聚区。上海继而加入全球"创意城市网络"，被联合国教科文组织授予"设计之都"称号。中国工业设计研究院、迪士尼、东方梦工厂等世界级研发中心和重大项目已相继落户上海，自贸

---

① 荣浩. 基于文化软实力视角的非物质文化遗产旅游创意产业发展研究 [J]. 旅游纵览，2014（1）：26.

② 周蜀秦，李程烨. 创意产业促进城市转型的机制与战略路径 [J]. 江海学刊，2013（6）：88.

区文化市场开放政策正显现出桥头堡作用，这些都为上海大力发展创意产业拓展了发展空间。2014年4月，上海市政府公布《中国（上海）自由贸易试验区文化市场开放项目实施细则》，规范管理外商独资演出经纪机构、外商独资娱乐场所、外资企业从事游戏游艺设备的生产和销售三项文化市场开放政策。

在江苏，具有江苏特色的文化创意融入制造业推动着产业升级。苏州为此专门成立了苏州市文化产业发展领导小组，并出台了《关于推动苏州文化产业跨越发展的意见》《苏州市文化产业专项引导资金管理办法》和《苏州市文化产业投资指导目录》。在《关于推动苏州文化产业跨越发展的意见》中提出，要以创新为引领，以结构调整为主线，以市场为导向，以企业为主体，以集聚区为载体，以重大项目来带动，推动文化资源优势、对外开放优势和科技创新优势转化为文化产业优势，发展一批强势文化产业门类，形成一批骨干龙头企业，建设一批高水平的产业园区和基地，培育一批知名文化品牌，打造区域特色鲜明的具有较强实力和竞争力的文化产业体系。2015年7月27日，苏州市人民政府出台了《关于进一步加快创意产业发展的若干政策意见》，重点发展创意设计、文化旅游、工艺美术及非物质遗产传承开发、数字内容与新媒体、影视演艺娱乐、文化会展广告等领域。该文件的出台，从多个方面提升了苏州市创意产业发展水平，把苏州市打造成区域性创意产业中心，形成与相关产业全方位、深层次、宽领域的融合发展格局；培育一批具有较强市场竞争力的骨干文化创意企业，形成一批具有较强带动效益的主导产业，建立健全现代文化生产、服务和销售网络，苏州文化产业综合实力进入全国第一方阵。

经过多年发展，浙江已成为全国创意产业发展最快的省份之一，初步形成了信息软件、动漫游戏、工业设计、广告、现代传媒、艺术品创作和交易等优势产业。在浙江，杭州较早提出了"创意产业"的概念。2007年2月，杭州市正式采用"创意产业"概念，首次提出打造"全国创意产业中心"的目标。近年来，浙江全省各地涌现出众多具有鲜明地域特色的文化产业集聚区，主要有滨江区国家动漫产业基地、西湖区数字娱乐园、横店影视城、宁波文具产业区、嵊州民间职业剧团、义乌文化制造业、仙居工艺品加工区、东阳木雕产业园区，以及普陀山、天台山、乌镇等文化旅游区块，形成了演艺娱乐业、动漫游戏业、网络文化经营业、艺术品和工艺美术经营业、艺术创意和设计业、文化会展和文化旅游业"六大重点产业门类"[①]。其中，也有古镇的身影，如乌镇、西塘都发展了创意产业。

与江南地区创意产业蓬勃发展相比，除个别古镇外，江南古镇的文化创意发展步伐相对滞后，没有依照文化遗产旅游规律加强旅游深层次的文化性和体验性，一些古镇无论是品牌打造、项目开发，还是营销模式、运营模式等都已进入相对停滞时期。其实，古镇文化资源的开发，既是文化资源价值的彰显过程，也是文化资源价值的提升过程。如法国奥塞博物馆的原址为巴黎通往法国西南郊区的一个火车站，于 1986 年改建而成，之前闲置了 47 年之久。奥塞博物馆收集了许多来自不同国家的艺术品，许多作品来自卢浮宫。该馆展厅面积达 4.5 万平方米，收藏近代艺术品 4 700 多件，是世界上收藏印象派重要画作最多的地方，建筑、雕塑、绘画、素描、摄影、电影、装饰艺术都在此得到完整的展出。通过有效的创意活动，一个闲置的火车站在失去最初的建造功能后产生了不可估量的文化、艺术及经济价值。

可见，由文化创意而生成的有效产业链，不仅提升了文化资源本身的价值，也是文化资源生命力的提升，可以延伸、拓展其附加产业，这对于文化遗产的保护与传承具有深远的意义。在这种背景下，江南古镇中一部分具有市场敏感性的古镇如乌镇、周庄、同里等，已经开始向文化创意古镇方向发展。

---

① 锡宾. 文化产业园区发展应遵循三结合原则 [J]. 浙江经济，2013（23）：42-43.

（二）江南古镇是遗产旅游与创意产业融合发展的绝佳场所

第一，江南古镇文化底蕴深厚，创意产业与遗产旅游的契合度较高。江南古镇都有一定的文化底蕴与文化产业发展基础，民风淳朴，环境舒适，对创意企业、创意组织、创意个人具有极大吸引力。

第二，创意产业与遗产旅游融合可以给社区居民带来更大利益。江南古镇过度的旅游发展与当地居民之间的利益冲突突显，成为古镇需要解决的问题。创意产业与旅游业融合能传承当地文化，让社区居民与游客都感受到"乡土气息"，二者融合产生的价值链、产业链扩展又可以创造新产业、新就业和新附加价值。

第三，创意产业与遗产旅游融合可以扩展遗产旅游产业链。江南古镇的非物质文化遗产十分丰富，但是长期以来都没有得到充分利用。江南古镇目前迫切要做的，是如何运用文化创意将非物质遗产旅游资源加工成非物质遗产旅游产品推向市场，借助当今各种类型的媒介和多元化的表达方式营造形式多样的体验氛围，加入一定的创意元素，积极主动地拓展文化遗产在新时代的生存空间和受众面，利用现代文化生产理念和先进技术成倍放大非物质文化遗产[①]。

第四，将"文化创意古镇"作为旅游产业与创意产业的载体进行开发，可以使江南古镇更具魅力。学者厉无畏指出，创意产业和城市旧区改造有机结合，可以避免城市文脉的中断，不仅能保留具有历史文化价值的建筑，而且通过历史与未来、传统与现代、东方与西洋、经典与流行的交叉融合，为城市增添历史与现代交融的文化景观，不仅能对城市经济发展产生巨大推动作用，而且使城市更具魅力[②]。文化创意古镇的发展将为旅游产业、新型城镇化建设、创意产业互动融合提供一个平台，

---

① 荣浩. 基于文化软实力视角的非物质文化遗产旅游创意产业发展研究［J］. 旅游纵览，2014（1）：26.

② 厉无畏. 创意产业推进城市实现创新驱动和转型发展［J］. 上海城市规划，2012（4）：11-16.

将为新型城镇及创新型城镇发展提供一条路径，为江南古镇旅游转型升级提供更好的思路。

第二节　江南古镇遗产旅游与创意产业的融合路径

一、引入同源文化

遗产旅游与创意产业的融合包括资源融合、技术融合、功能融合和界域融合。其中，资源融合是资源整合的重要表现形式，为产业融合发展提供创新产品或服务来源，可以促进资源优化配置，使产业发展具有持久生命力。从这个角度划分江南古镇遗产旅游与创意产业的融合路径，可以分为两大类：一是对自身产业要素资源挖掘形成的文化产业；二是引入同源文化迅速提升自身文化产业品牌与实力。

同源文化指处于不同地方的具有相同根源的文化，即以移民为载体或自发传播而使文化在不同的区域里具有传播继承性，形成了区域文化之间具有相同的核心价值理念或物理表象特征的文化。根据其由文化脉络在地域上形成的关系，可以分为两类：（1）邻近型同源文化，由于时空距离的接近，文化在传播过程中没有出现断层，在地域上具有连续性；（2）分离型同源文化，由于时间与空间相隔太久，文化在传播过程中发生变异，或受到其他文化的冲击而消失，出现文化区域的隔离，在地域上出现间断性，空间上出现分离①。

跨文化的传播可以跨越时空把两种不同文化加以融合，如同里和围

---

① 马帅. 空间分离型的同源文化旅游地合作开发研究［D］. 福州：福建师范大学，2011.

棋本来风马牛不相及，但是富有想象力的同里古镇却把这两样东西结合起来了。新华社在 2008 年 9 月 28 日刊发的一篇文章《同里古镇与围棋的美丽邂逅》中说："围棋是源于中国的古老竞技艺术，同里是历史悠久的千年古镇，两个'古'字的完美结合，堪称'双赢'……围棋文化与江南水乡的清丽灵秀融会贯通、交相辉映。"

同里水网密布，湖泊众多，如镶嵌在江南大地上的一颗明珠。其实，同里不也是一个巨大的棋盘吗？人在桥上走，船在河中行，应了围棋的变化多端；粉墙黛瓦，应了围棋的黑白之道；走在大街小巷，游在深深庭院，处处曲径通幽，又应了围棋的四通之道。

同里就是一个将某种有共同渊源但时空分离的文化结合起来的典范。自 2000 年起，同里镇开始冠名承办每年一届的"同里杯"中国围棋天元赛。此外，同里还固定举办中韩围棋天元赛、中韩围棋新锐对抗赛、全国围棋职业段位赛等赛事。2002 年，同里镇将第 16 届中国围棋天元赛决赛地点安排在著名的退思园眠云亭，眠云亭就是当年花园的主人为了招待朋友下棋而专门建造的。2002 年 3 月，常昊、黄奕中身穿唐装，端坐其中，展开黑白厮杀，开创了围棋比赛在室外进行的先例，这场比赛也将围棋和同里当地文化有机地结合在了一起。2003 年，中韩围棋天元赛落户同里，将中国天元古力对阵韩国天元宋太坤的比赛安排在当地著名景点"珍珠塔"清远堂进行。2006 年，时任中国棋院院长的王汝南与同里镇政府签署了为期 5 年的战略协作协议。2014 年 4 月落成的同里天元文化苑项目是围棋文化在同里深入普及的一个重要标志，也是同里文化旅游发展的一个重要节点。该项目占地 4.2 亩，建筑面积达 1 094 平方米，由天元楼、天弈阁、前苑、后苑四个部分组成。这里主要举办围棋天元战、全国围棋升段赛等高级别围棋赛事，并常态化开展围棋普及教育及各类文化传承活动。在围棋事业上，同里镇先后荣获了"中国围棋天元赛基地""江苏省体育产业示范基地""中国天元围棋培训基地"等称号。异质文化间的跨文化传播体现了文化背景给传播带来的阻碍或推动作用，而同源文化间的跨文化传播，则在表面上呈现出平滑顺畅的特性，在宏观上显得颇为稳定，其微观层面的复杂性并不外显。但同源文化之间同样存在着多种融合与对立的可能性，如主体文化与亚文化之间、精英文化与大众文化之间、主流文化与非主流文化之间、母体文化与衍生文化之间，变数仍然很多。以乌镇为例，乌镇举办戏剧节曾经引发了社会层面的质疑。

首届乌镇戏剧节于 2013 年 5 月 9 日至 19 日举办，6 个剧院与剧场，"国际邀请""青年竞演""古镇嘉年华"三大单元，逾 120 组艺术表演团体，500 余场精彩演出，乌镇朝着文化小镇迈出了重要一步。2014 年的乌镇戏剧节比首届更加丰富多元，17 部国内外大戏、12 部青年竞演单元作品、12 场大师小镇对话、5 场工作坊及将近 1 500 场街头表演，让乌镇变成一个"戏剧天堂"①。

对此，有人提出，戏剧节缺乏戏剧内在生态链，目前的戏剧都是靠引进，并不持久。乌镇需要完善自己的戏剧生态链，剧本创作、舞美、灯光、表演等都要在本地生根发芽，否则所谓戏剧节只能是场高级表演秀而已。乌镇戏剧节明显与阿维尼翁戏剧节不同，乌镇戏剧节要获得与阿维尼翁戏剧节类似的成就与效果，需要经过时间的考验与磨炼。

但从另一方面看，随着全球化发展，社会新文化要素的源泉也可能是一个社会或群体向另一个社会借取的文化要素，借取有时能使一个群体在发展的某个过程或建立某个机构时绕过某些阶段或避免某些错误。乌镇通过戏剧节，实现了古镇与戏剧、中方与西方文化的沟通，很好地消除了不同文化的融合障碍。在跨文化传播中，冲突与融通是共存的，同源性文化间的传播也是如此。而传播过程中的选择，就是调节冲突、达至融通的一种机制。不可否认，乌镇举办戏剧节反映了全球化下的"旅游 + 创意"产业的趋势，从积极方面看，的确大大拓宽了乌镇遗产旅游

---

① 陈燕雯. 乌镇戏剧节：一年一梦：中西文化对话交流的"进步颂"[J]. 文化交流，2014（12）：17.

的内涵。

全球化开启了一个新的时代，不仅仅是简单的时间、空间的置换，更重要的是文化、思想、意识形态的完美契合。几届乌镇戏剧节，都产生了中西文化的碰撞、融合，擦出创意的火花，迎来遗产旅游的收获。

二、挖掘自身产业要素资源形成文化产业

文化产业开发"五阶段说"认为，文化产业开发路径是：创意—产品—流通—发送机构—观众接受。有学者提出对于古镇文化资源产业开发过程而言，可以概括为"提炼文化—形成产品—产品市场化"三个阶段。其中，提炼文化是产业化的前提，形成产品是产业化的核心，产品市场化是产业化的最终落脚点。需要指出的是，古镇文化资源不是文化产品，更不是文化产业。实现古镇文化向文化产品的转化，既是一个物态转化过程，也是一个价值增值和质的飞跃过程。要实现这种转化和飞跃，须充分发挥市场作用，对古镇文化资源进行合理配置。

要实现文化资源合理配置，必须立足于对自身产业要素资源的挖掘。《江苏古镇保护与旅游开发研究》课题组将古镇可利用的文化资源按照创意产业、传媒产业、体育产业及会展产业进行分别归类（见表6-2-1）。

表 6-2-1 古镇文化产业类型及资源要素

类别	可利用的文化资源
创意产业	古镇传统音乐、舞蹈、戏剧、民俗、绘画、建筑、民间工艺等
传媒产业	古镇民间曲艺、音乐、文学艺术等
体育产业	古镇文化民俗风情、宗教
会展产业	古镇传统民俗活动

这个归纳，将古镇传统音乐、舞蹈、戏剧、民俗、绘画、建筑、民间工艺等归入创意产业范畴，与国家统计局的《文化及相关产业分类

（2012）》的划分有较大区别。显然，在《江苏古镇保护与旅游开发研究》课题组看来，创意产业是广义的，其含义与文化产业概念相同。

如新场古镇利用早已废弃的原上海针织十九厂建筑，用当代雕塑、装置等艺术形式重建了千年古镇的乡土民俗，从而生产出了一种文化产品。枫泾古镇则提炼大灶头文化，把文化创意与百姓日常生活紧密联系起来，推动古镇升级为文化创意小镇。为此，枫泾古镇设立了课题组，把土灶与黄酒文化相结合，以旅游消费为抓手，整合现代旅游吃住行游购娱与商养学闲情奇文等要素，引领新常态下上海新型文化旅游产品消费新潮流，将枫泾古镇打造成乡愁旅游示范区和样板。

第三节　江南古镇创意产业与遗产旅游的融合方向

一、发展创意旅游与体验旅游

2014 年年末，中央经济工作会议首次明确了"经济发展新常态"的九大趋势性变化，其中对于"消费需求"趋势的描述是：过去呈"模仿型排浪式特征"，现在"个性化、多样化消费渐成主流"。旅游消费同样形成了个性化、多样化消费主流趋势，创意旅游与体验旅游就是表现之一。国发〔2014〕31 号《国务院关于促进旅游业改革发展的若干意见》提出："规范整合会展活动，发挥具有地方和民族特色的传统节庆品牌效应，组织开展群众参与性强的文化旅游活动。"可见，发展创意旅游与体验旅游，增强游览的娱乐性和参与性，应当成为江南古镇今后发展的一个主要方向。

创意旅游是指旅游地为旅游者提供具有原真性、参与体验性的旅游活动，旅游者在游览过程中学习旅游目的地的文化、艺术或技巧，拉近与当地居民的距离，进一步体验旅游目的地的文化氛围。新西兰于 2003 年发起了全国性组织"创意旅游新西兰"；联合国教科文组织于 2004 年建立了创意城市网络，并于 2008 年 9 月举办了关于旅游创意的主题会议；2007 年欧洲旅游与休闲教育协会出版专著《旅游、创意、发展》。业内对创意旅游概念的界定众说纷纭，如表 6-3-1 所示。

表 6-3-1　创意旅游概念界定

研究者或机构	年份	定义
Richards&Raymond	2000	游览过程中旅游者通过积极参与目的国家或地区的文化或技巧学习，激发自身创意潜能，以体验目的地文化氛围的旅游形式
创意旅游新西兰	2003	通过非正式的、亲自动手的工场参与和创意体验提供了解地方文化的真实性的一种更为可持续的旅游形式
创意城市网络	2006	可以为旅游者提供具有原真性、参与体验的旅游活动，学习当地艺术、传统及具有当地特色的象征性文化
冯雪刚等	2006	依托旅游元素的感知度、服务性和创意元素的新奇度、体验性，并在双方相互渗透的基础上，通过"创意火花"为现代服务业与先进制造业的融合搭建桥梁，从而促进旅游业的发展
厉无畏等	2007	以创意产业思维和发展模式整合旅游资源、创新旅游产品、锻造旅游产业链，以适应现代社会经济发展转型的全新旅游模式
赵玉宗等	2010	为旅游者提供更加积极而持久的体验，对目的地而言，则可以打造根植于地方的体验，从而塑造和维持其竞争性和发展的可持续性

旅游发展中的创意可以从两个层面来理解：第一，体验性需求。随着社会的进步，当代人在塑造各自话语权过程中拥有了更多的决定权，特别是在休闲和旅游过程中人们开始追寻更多的原始旅游体验。第二，创造性构建。这一过程涉及在旅游目的地中进行绘画、烹饪、制作手工艺品等"物的创造"，而且这种"创造"融合了旅游者的主动性、智能化参与，从而构建起一个基于个体体验的"自我感知"世界。创意旅游能够为旅游者提供更加积极而持久的体验，对目的地而言，则可以打造根植于地方的体验，从而塑造和维持其竞争性和发展的可持续性。在旅游

活动日趋个性化和多样化的今天，旅游者求新、求奇、求特，注重体验参与的特点日趋增强，在创意理念的引导下，将智力因素和思想的火花与原有的资源完美结合，通过重组、整合原有的静态旅游要素并加以模型化和动态活化重新推出，可以进一步增强原有产品、服务的体验性和吸引力，以适应不断更新的市场需求并充分彰显旅游的魅力。

从创意旅游发展情况来看，它与体验旅游密不可分。旅游产品是有形的，旅游服务是无形的，而建立在有形的旅游产品和无形的旅游服务之上的旅游体验则是更高层次的旅游消费，因为任何一次体验都会给旅游者打上深刻的烙印，甚至成为终生难忘的经历。体验式旅游是继观光旅游后兴起的一种休闲旅游方式，是旅游者消费心理走向成熟的结果。从体验经济的理论上讲，旅游体验中，旅游场所就是一个剧院，每个工作人员和每个旅游者都是剧中的角色，工作人员的工作程序和旅游者的感受过程所承载的内容就是剧本，大家共同在旅游过程中完成一次完整的体验，也就是旅游生产和消费的混合演进程式。在创意旅游活动中，产品设计应该以互动参与为前提，以情感交流为纽带，通过提供人本化、细微化、延伸化的旅游产品与服务，让消费者产生欢喜、惊讶、激动、感叹等方面的情感体验，从而引发他们的情感共鸣。因此，为了强化旅游消费体验效果，创意旅游活动就必须实现旅游者互动参与，努力让他们花钱买感觉、买心情、买享乐。

从目前情形看，江南古镇正处在由观光旅游向体验旅游的发展阶段，如乌镇的宏源泰染坊就有旅游者参与制作蓝印花布的印染过程。宏源泰染坊始创于宋元年间，原址在南栅。蓝印花布是我国传统的民间工艺精品，至今蓝印花布的印染还遵循着祖辈留下的工艺，从纹样设计、花稿刻制、涂花版，到拷花、染色、晒干等，以其纯天然、无污染的特色越来越受喜爱。在宏源泰染坊，可以看到传统工序的全过程演示，旅游者也可以参与印染过程，然后将自己印染的蓝印花布成品带回家。

西塘的酒吧一条街也是一个典型例子。西塘酒吧的发展延续了西塘酒文化的底蕴，参与性和互动性较强，深受年轻人喜欢。2003年，西塘管委会原本打算做一个"夜游西塘"的项目，像仿古街一样把丝绵店、肉铺、糕饼店之类的店铺在一条街上集中展示，各项准备都弄好了，可是人气却始终旺不起来。此时，一个北京的画家因为喜欢西塘，办了个小酒吧，没想到人气却非常旺。于是，越来越多的民间人士加入了这个行列，以至于现在西塘的酒吧街成了西塘最诱人的"夜色"。自此，西塘这种原生态的生活方式吸引了许多外地人留在这里，经营特色店铺、客栈、酒吧等，目前居住在西塘的外来人口有2万多，民居客栈420多家。自2011年起，西塘一直不断打造酒吧文化一条街，华灯初上的西塘之夜，在红灯笼的倒影中摇曳的月光、古宅、小船将夜晚装扮得更加精致。穿过河道，踏过长桥，安逸的小镇多了几分喧嚣，像是忽然间柳暗花明，进入了另一个世界。满墙的涂鸦和游客留言、有趣的"广告"，这几乎成了西塘酒吧不可缺少的元素，还有酒吧的屋顶和临河的窗沿下挂满各种品牌的啤酒瓶。古朴中的现代、宁静中的动感，酒吧一条街显然已经成了西塘的一个文化符号。入夜，酒吧一条街的驻唱歌手用歌声抒发着当下的心绪，古镇水道里除了晃动的红灯笼倒影，还有着几盏零星的荷花灯。那头的酒吧喧闹着，而这头的客栈却能听到木门关上的吱呀声。这些元素打造的西塘，使其成为一个让人有无限想象空间的江南古镇。总之，古镇旅游的类型存在梯层结构，在时序上呈现由低到高、由浅到深的发展趋势，而向文化性和体验性发展是古镇旅游的未来趋势。

二、建立创意产业集聚区或旅游综合体

随着房地产行业与旅游业的融合，旅游综合体发展态势迅猛。20世纪90年代之后旅游房地产出现了多元化发展的态势。特别是2001年"中国旅游房地产论坛"之后，旅游地产逐渐受到旅游业经营者和房地产开发商的重视，相继出现了产权酒店、分时度假酒店、高尔夫度假村等旅

游地产项目。进入 21 世纪后，大量传统房地产资金开始寻找新的投资领域，其中就包括旅游度假物业的开发，多家大型房地产开发企业进入旅游地产市场。北京、上海、大连、青岛、深圳等地开工的旅游地产项目达几百个，以"主题公园、高尔夫球场、山地、温泉、养生"为主题的休闲度假住宅、别墅、酒店不断涌现，大型旅游地产项目在全国陆续出现。2008 年，杭州明确提出"修建 100 个城市综合体"的规划，首次推出了多个以旅游为主题的综合体，"旅游综合体"应势而生。旅游综合体将成为地产转型的一个新方向，而综合、便利、高端的旅游综合体项目将成为各地建设的热点，旅游综合体项目的投资走向将持续走高。创意旅游综合体，是在一定规模的空间尺度范围内，基于休闲度假的主体功能，集聚多种关联功能业态，形成主题创意化、环境景区化、产品休闲化、空间集聚化、服务社区化的一种全新生活方式的载体。

古镇旅游发展到一定阶段，就需要扩大古镇的面积，这样才能接待更多的旅游者。这就要求古镇向周围地区扩展，建立含核心保护区、过渡区和新区在内的新镇综合体。核心区的功能是满足旅游者观光游览和文化体验的需求，过渡区的功能是满足旅游者多元化的娱乐休闲需求（如各种现代休闲活动和户外活动），新区则承担容纳古镇的人口转移及因旅游带来的常住人口的作用，为古镇核心区的可持续发展提供支持。如西塘与国内大型旅游企业康辉集团携手，投资 3.5 亿元，将旧厂房改造成集休闲、商业、文化于一体的旅游综合体。该项目将核心景区周边老旧厂房、店铺改造成独具特色的旅游项目，吸引旅游者分流。西塘玻璃钢厂被改造成南苑商贸中心；破落的塑料厂老厂区变身为时尚的江南风情街区；西塘铸造厂、烟糖公司仓库和西塘汽水厂拆除后，重新出让地块整合新建了九德堂古玉博物馆。

旅游综合体也可以看作一种产业集群，文化产业集群的形成是产业开发的最终结果。文化资源的产业化开发可从动态和静态两个方面理解。从动态上看，其产业化开发是一个过程，具体由两个阶段组成，即从古镇文化资源到文化产品的形成阶段、从文化产品到市场化实现的阶段。两个阶段相辅相成、互为前提。从静态上看，其产业化开发是一个结果，即最终实现规模化生产，并伴随着文化产业集群的形成。创意产业集聚区，实质上是中间组织的一种形态，是一种介于政府、市场、企业之间的新型社会经济组织和企业发展平台，科技产业与创意产业相互交融、和谐共存，通过提供一系列创新企业发展所需的管理支持和资源网络，来帮助处于初创阶段或刚成立的相对弱小的新创企业。集聚区内一定数量的创意人群，围绕一个或若干文化行业从事文化生产活动，形成产供销产业链，产生超越单一、分散的文化企业行为的聚合效应。

关于文化产业集群最早也是最有名的案例是纽约 SOHO 艺术集聚区。这个艺术集聚区原址是大量残破不堪的空置厂房，20 世纪 60 年代末，一些艺术家和雕塑家利用这里廉价的房租，把空置的厂房变成艺术工作室，成为艺术集聚区，诞生了许多美国当代艺术大师。鼎盛时期，在这块面积不到纽约市面积 1%的地方，居住着纽约 30%的艺术家。现在 SOHO 区既是艺术区，也成为充满艺术气息的商业地区，是旅游者必去的观光地，地价也随之飞涨。

与传统工业集聚区不同，创意产品的生产特点与交易方式决定创意企业通常无须使用传统企业那样大规模的生产用地，这就使创意产业集聚区建在古镇成为可能。另一方面，文化是创意产业的主要内容，江南古镇历史文化底蕴深厚，因而具有形成创意产业集聚区的良好条件。古镇既可以成为创意生产的核心区域，也可以成为市场交易的中心。从创意产业集聚区的特点来看，创意产业集聚区由非营利机构、文化机构、艺术场所、媒体中心和生活着不同类型艺术家的生态园区组成的。它既是工作的地方，又是生活的地方；既是生产文化的地方，又是消费文化的地方。它全天开放，既有工作又有娱乐，多样性、变化性是它的基本特点。不同区域文化特色的思想在这里碰撞，然后通向世界。如此广泛的内容需要政府的积极参与和协调，将创意人员、公共代理机构、基金来源和个人有机联系起来，以开发更多的文化创意项目。

周庄的创意产业集聚是在艺术型产业集聚区基础上形成的。艺术型产业集聚区往往经过旧城区改造，为旧城区注入新的文化内涵。它将高雅文化与时尚文化结合在一起，创造一种充满活力的新型城市文化，成为城市新的风景和观光地。周庄一开始以画家村、画工厂为依托，逐渐形成华东地区最大的绘画生产、展示和销售中心。在反映江南水乡文化的大型水上实景演出《四季周庄》、昆曲等戏曲展示的基础上，开发多内容、多样式的演绎衍生产品，形成具有浓郁地方特色、展示地区文化的演艺中心。周庄创意产业集聚突出发展文化旅游、工艺创意、艺术品交易、演艺娱乐、工业设计、节庆会展六大领域，目前已经转化成为综合性创意产业集聚区。

目前周庄四条创意产业链逐步显现：一是艺术品创作、交易文化产业链。周庄在 2007 年建立了一个颇具特色的"周庄画家村"，建有艺术馆、画家公寓、写生基地等公共服务平台和相关配套设施，成为集艺术创作、学术交流、培训教育、展览交易于一体的艺术村，涵盖了艺术品创作、交易文化产业链的全部关键环节。二是创意设计产业链。昆山市人民政府于 2008 年 10 月正式批准将昆山创意产业园落户周庄。周庄形成了以设计孵化中心、富贵园、江南人家、爱渡风情小镇和苏州大学应用技术学院产学研基地为集聚区的创意设计产业链。2010 年，文创园获国家文化部授予国家级文化产业示范基地称号。三是休闲文化产业链。引进高端旅游项目、精品特色酒店，大力发展农业休闲文化，扶持、引导农家乐餐饮及万家乐民宿发展，鼓励富贵园拓展基地建设，引进星期九农庄等农业综合休闲项目，开通田园风光水上游项目，逐步实现传统观光游向休闲度假游的转变。四是覆盖研发、生产、展示、销售的旅游工艺品文化产业链。引进一批国内颇具影响力的旅游工艺品设计、制作、销售公司，结合周庄文化，开发具有地域特色的旅游纪念品，开设特色旅游纪念品展示中心，布置特色旅游工艺品销售网点，推动旅游工艺品市场向特色化、多元化态势发展。

乌镇创意产业集聚是利用现有古镇旧建筑创造了创意产业发展的平台。在乌镇进一步发展规划上，乌镇的保护与开发框架除"东栅、西栅"外，还包括"中市、南栅、北栅"。"中市"打造"休闲商业区"，集聚古镇夜市、国际餐饮、微奢酒店等业态；"南栅"打造成为"欢乐水肆"，形成以水上市场、虚拟明清街市为特色的市井主题体验区，集聚水上集市、休闲茶馆、特色酒吧等业态；"北栅"打造"创意民俗"，以艺术工坊、民俗手工作坊、动漫展演为特色，包含艺术工作室、服装创意园、艺术展览馆、艺术酒店等主力业态。这种设计，既保护了历史文化遗产，又将遗产旅游与之相结合，是文化产业与文化遗产保护，建筑价值、历史价值、艺术价值与经济价值相结合的良好典范。2013年，桐乡市制订出台了《桐乡市乌镇省级旅游试验区建设工作三年行动计划》，提出基于转变发展方式和旅游产业转型升级，乌镇省级旅游试验区建设将突出差异化竞争、个性化发展，致力于将整个试验区作为"一体化"景区来打造，明确把旅游深度休闲体验作为未来更长一个时期的发展方向，通过长期不懈的努力，把桐乡建设成特色凸显、品牌突出、绿色低碳、幸福和谐，以及旅游休闲理念、产品、营销、服务接轨国际的旅游集聚区。提出建设五大旅游区块，包括乌镇国际旅游区、平安雅达养生养老社区、石门湾中国农业大观园、长三角新兴创意产业区、濮院历史文化与时尚购物集聚区。目前，乌镇的创意产业集聚已经产生良好效应。2010年，乌镇以"历史文化遗产保护与再利用"为代表，入驻上海世博馆，成为中国创意产业的佼佼者。2013年创意产业与版权运营研讨会上，乌镇景区上榜"龙腾奖——2013年第八届中国创意产业年度大奖"，荣获"2013年中国创意产业领军企业奖"。乌镇提出，要通过文化创意区的打造，使乌镇成为和法国普罗旺斯、德国梅尔斯堡等世界知名文化小镇一样的艺术天堂。

三、旅游与民俗节庆活动融合

民俗风情是指一个民族或地区的人们，在文艺、语言、信仰、服饰、饮食、居住、娱乐、节庆、礼仪、婚恋、生丧、交通及生产等方面，民间所特有并广泛流行的喜好、风尚、传统和禁忌。许多文化现象可以欣赏、学习，但是不能够直接参与、体验。民俗风情则不然，它的绝大多数内容不仅可以了解观赏，而且可以直接加入体验。人们参与体验的结果，往往会加深对民俗风情的理解，并从中获得难得的文化享受。

江南古镇民俗旅游资源丰富，如乌镇就有香市、湖羊节、戏剧节，周庄有财神节、水乡婚礼等（见表 6-3-2），具有发展民俗旅游的先天优势。

表 6-3-2 江南古镇民俗旅游资源典型

民俗旅游资源类别	江南古镇民俗旅游资源典型举例	民俗活动细节	民俗旅游资源亚类归属
物质民俗旅游资源	乌镇香市	香市为当地农民祈求蚕桑丰收的活动，茅盾先生称之为"中国农村的狂欢节"	生产民俗
	乌镇湖羊节	以当地产的皮嫩多膏的"花窠羊"烹制的红烧羊肉，是乌镇人引以为傲的第一美食。寒冬腊月，灶火旺，街肆溢香	消费民俗
社会民俗旅游资源	乌镇元宵走桥	元宵节晚上，人们成群结队，扶老携幼，提着花灯，在河边、桥上游走。走桥必须走过至少十座桥，忌走回头桥	岁时节日民俗
	周庄水乡婚礼	穿传统服饰拜堂成亲，喜坐快船、走三桥，挂"心心相印·如影随形"情侣吊坠，水乡佛国全福讲寺中千年银杏树下许下此生承诺	婚嫁礼俗
精神民俗旅游资源	西塘七老爷庙会	每年的农历四月初三举行，属于隆重的庙会活动，在庙内演大戏，连演三天	信仰祭祀民俗
	周庄财神节	依照财神节习俗，全镇人装扮巡游，将喜气带给他人。节日期间，舞龙舞狮、挑花篮、打连厢等民俗表演十分抢眼	信仰祭祀民俗
	乌镇戏剧节	在为期约一周的时间内，将在乌镇集中上演各类剧作，不仅有大师手笔，也有新秀竞演，在非表演场所的公共区域，也能欣赏到精心编排的街头戏剧、现代表演艺术、音乐会演、曲艺杂耍等	民间艺术民俗

　　21世纪以来,民俗活动开始在江南古镇的遗产旅游中扮演重要角色。周庄在2004年举行的"周庄国际旅游艺术节"期间,就推出"过一天周庄人生活"的活动,游客在领略水乡田园风光的同时,入住民居客栈,体验明清的雕花木床、夏布蚊帐、蓝印花被,享受明清时期的江南家居情调。游客还可自己上街买菜、做饭,品"阿婆茶",亲历张厅"双推磨"、大诚堂中药铺、酒作坊、豆腐坊、米行、南货店等,体验古代周庄人的生活。这类民俗活动的开展,使旅游者旅游的观感丰富度和参与体验性大为增加。而民俗服务的程序和仪式的开发,不仅增加了民俗旅游的吸引力、丰富了活动内容,而且还营造了更为浓郁的民俗环境和气氛。

　　民俗风情旅游,从类型上说,因旅游者的经济、文化水平不同和旅游意识、目的各异,大致可以分为三种类型:第一,参观观赏型。旅游者有意识,而目的仅在于走走看看各种民俗事象,且从中获得知识和享受。第二,了解领略型。旅游者有全意识,除观赏以外还要了解风俗民俗的来龙去脉,进而认识它的本质,辨别它的滋味。第三,参与体验型。旅游者有强烈意识,对风土人情这个目标,不但要观赏、了解和领略,而且要亲自参与到目标人群的生活之中,真实地感受"另外一种生活方式"。江南古镇旅游产业的发展中,要把开展丰富多彩的旅游民俗、节庆活动,作为打造旅游精品、发展大旅游、开拓大市场的重头戏。要适时举办各种不同形式的民俗活动、节庆活动,以民俗与节庆活动这类非物质文化遗产旅游带动物质文化遗产旅游,优势互补,开拓客源市场。

　　民俗观赏开发与民俗商品开发目前已经发展成为一些江南古镇的定位之一,如昆山锦溪精心打造"中国民间博物馆之乡",以民俗旅游资源的静态开发为主。锦溪首创国内唯一的中国古砖瓦博物馆,先后推出华东第一古董博物馆、中国陶都紫砂博物馆、中华历代钱币珍藏馆、东俊根雕艺术馆、华夏奇石馆、华夏天文馆等民间博物馆,"金石人家"篆刻艺术馆、"柿园"书法碑帖艺术陈列馆、张省美术馆和锦溪杰出人物馆。它既是供游客集中观赏各类民俗的景观,具有重要的审美价值,同时又保存着特殊的历史文化传统。

从民俗旅游资源的产品开发来看，苏州震泽镇的做法是将蚕丝业嫁接文化产业，打造全产业链蚕丝文化古镇。这类商品的文化意蕴丰富，制作工艺传统，地方特色鲜明，其收藏价值和纪念意义均不可低估。目前，震泽100多家蚕丝家纺企业已形成了年产值10亿多元的蚕丝产业集群。

总体来看，如依上述三种类型划分民俗风情旅游，对于江南古镇来说，参观观赏型与了解领略型数量较多，但参与体验型不足，这其实是一个旅游发展的思路问题。在民俗风情旅游方面多安排一些参与体验型，虽然会增加成本和管理难度，但可能收到事半功倍的效果。如枫泾古镇每年举办元宵猜灯谜活动，由于游客当主角，参与性强，吸引了全国各地的人前来参加，使枫泾古镇旅游区热闹不减。

四、旅游与影视文化、演艺文化融合

表演艺术是创意产业中以文化为载体的创新艺术形式。文艺演出在带来娱乐与艺术享受的同时也不断地促进创新文化的滋长，不仅为当地民众和世界各地的旅游者开启了体验古典和现代文化、感受艺术魅力的大门，也为开拓艺术旅游市场奠定了良好的基础。近年来，旅游演艺已成为很多主题景区中重要的元素。宋城通过"千古情"系列演出带动了整个主题公园的发展，被业内奉为运营经典。

2009年，文化部和国家旅游局联合下发了《关于促进文化与旅游结合发展的指导意见》，并成立了文化旅游合作发展领导小组，加强对旅游与文化结合发展的领导。该文件指出，要打造高品质的旅游演艺产品，把发展旅游演艺产品作为推进旅游与文化结合发展的主要措施。2014年，国务院印发《关于促进旅游业改革发展的若干意见》，进一步促进旅游业改革发展，鼓励专业艺术院团与重点旅游目的地合作，打造特色鲜明、艺术水准高的专场剧目，鼓励建立特色名镇古村。

　　江南古镇在影视、演艺文化与旅游业融合过程中有得天独厚的优势：一方面，江南古镇"小桥流水人家"的水乡风貌适合演绎浪漫气息浓厚的剧情；另一方面，江南古镇原汁原味的明、清及民国建筑，使其成为天然摄影棚。如民国时期的电视剧既有如《像雾像雨又像风》《阴丹士林》这样的作品，把主要故事背景放在20世纪三四十年代的上海，江南小镇是作为差异性地域出现的；也有整部剧全部选址在江南古镇拍摄的作品，如《美丽无声》《一江春水向东流》等。现代爱情伦理剧既有部分选址在江南古镇拍摄的《我的青春谁做主》《伤城之恋》等作品，又有几乎全部场景都在古镇拍摄的如《似水年华》这样的电视剧。

　　目前，江南古镇的旅游演艺产品分为民族风情展示型、山水实景演出型与文化遗产演绎型三类。江南古镇发展旅游演艺产品，除了因地制宜发展适宜的旅游演艺外，应尽量避免单一化。

（一）民族风情展示型

　　此模式主要是通过社会资本或专业演出单位招揽艺术人才组建自己的特色演艺团队，编排自己的旅游演艺品牌节目，使之成为旅游消费者完成日间游览后的另一种精神享受和文化观摩，以增加旅游产品的人文内涵和吸引力。

（二）山水实景演出型

　　以旅游地山水实景为依托打造实景演出作品，其代表作是梅帅元的"山水"系列大型实景演出。实景类旅游演出的主要特点是将民俗文化和著名山水旅游景点紧密结合，以当地政府投入为主、多元参与合作，以超常规模化表演为特征的旅游演出。从古镇运用的这个演艺模式来看，2007年首演的《四季周庄》是我国第一部呈现江南原生态文化的水乡实景演出。

《四季周庄》依托"小桥流水人家"的经典环境，以特有的水乡表现手法，把水的灵韵、四季的轮回、历经沧桑保存下来的民俗呈现得恰到好处。《四季周庄》全场演出 60 分钟，演出内容分为三个篇章——以渔歌、渔妇、渔灯、渔作表现的"水韵周庄"；以春的《雨巷》、夏的《采藕》、秋的《丰收》、冬的《过年》放映的"四季周庄"；以迎财神、打田财、阿婆茶、水乡婚庆展示的"民俗周庄"。从《四季周庄》的演出特点看：第一，表演形式多样化，有歌又有舞，还有大量的情景表演、民俗风情展示、杂技、吴歌、渔歌等；第二，演出呈全景式、情景化、开放式，演出地点为周庄江南人家水上舞台，表演是全方位的，主舞蹈（圆台）、副台（一侧长廊），以及四周场景都是演出表演区，演出与观众是近距离，甚至是零距离接触；第三，演出队伍专业和业余（农民）相结合，甚至有来自生活第一线的农民、渔民、市民，表演强调生活气息、市井气息。它具有浓郁的江南水乡风情，具有地域性、民俗性、观赏性、草根性、艺术性特征，堪称演艺精品，使旅游者真切地感受到乡情、乡文、乡俗、乡景的魅力和怀古、怀旧、怀乡的情结。

（三）文化遗产演绎型

文化遗产演绎型旅游演艺产品，由于依托积淀丰厚的物质与非物质文化遗产，资源开发潜力极大。在江南古镇的文化遗产传播中，《角里人家》可算这一类型演艺产品里的精品。

《角里人家》属于江南古镇本土田歌的音乐剧，时长 90 分钟，以沪语演唱，主要演员有的来自上海沪剧团、上海歌剧院，有的是民歌演唱者，有的出过流行乐唱片。早在 1953 年第一届全国民间音乐舞蹈会演在京举办时，青浦田歌队就一路过关斩将，先后在南京站、上海站比赛中成功晋级，作为唯一一支田歌队参加会演，声名远播。2007 年，田歌列入国家级非物质遗产名录，也在青浦焕发了新的活力。《角里人家》展示了很多古镇非物质遗产元素，摇快船、江南船拳、阿婆茶、粽子舞、走三桥，朱家角古镇的农耕文化得以展现得淋漓尽致，建立了本土的民俗拳头文化品牌。

在影视、演艺文化与旅游业融合过程中要尊重传统也要注重创新的理念，江南古镇也受到了经济全球化与都市化进程的影响，消费意识形态正在扩张。都市化进程让江南古镇古典的诗意渐渐淡化，出现明显的商业化倾向。但是，江南古镇并没有完全国际化与都市化，它们依然保留着悠远的传统、古老的建筑，大部分居民也依然淳厚朴实。在发展影视与演艺产品的时候，如果完全忽视江南古镇的消费景观，也并不合理；而用过多光影手段去描绘古镇的消费景观，又不真实。所以，一方面，用"诗性的感性"去发扬水乡文化；另一方面，用"诗性的理性"去限制消费意识形态的恶性膨胀，这是导演们在拍摄关于江南古镇的影视剧时需要注意的地方。当然，创新非常重要。正是具有创新意识的编创者不断为作品注入新的艺术元素和文化元素，才能使其具有长盛不衰的生命活力。

在影视、演艺文化与旅游业融合过程中要善用影视、演艺的传播效应。影视、演艺作为营销手段之一，可以大幅提升古镇形象和竞争力。如《四季周庄》以现代科技手段和精巧的构思策划，鲜明地展现了周庄优秀的传统文化和浓郁的水乡民俗风情，凸显江南古镇民俗精致、博大的无穷魅力，成为展示周庄旅游形象的立体名片。影视、演艺与旅游业融合也可以创新古镇类旅游产品的表现模式，成为具有垄断性的旅游产品，从而形成超越其他古镇类旅游目的地的竞争优势。

五、旅游与餐饮文化融合

美食文化是最直接，也是最有影响力的文化展示平台，而江南美食最大的特点就是清爽、秀美。不同的江南古镇，其美食也不尽相同，正如江南古镇的千般面孔、万种风情。

提到江南古镇的美食，不能不提作家梦芝的书——《舌尖上的中国：古镇篇》，它以游记的形式，将一个旅行者在各个古镇品尝到的美食记录下来。从古镇历史传承的真实性、空间环境的完整性、生活状态的延续性等方面出发勾连古今，既讲述古镇传奇往事，又关注古镇今日发展现状，从中解读古镇特有的社会结构与文化智慧。行走在古镇，总有一些美景让人们流连忘返，也总有一些美味让人们舌尖迷恋。那些本土的食材，经过当地人祖祖辈辈传下来的手艺加工制作，成为一道道独特的美味佳肴。这些食材或许家家也有，或许菜名也一样，但味道却绝不相同，这是因为每一道美食都被赋予了当地的饮食文化特色，背后蕴藏着当地丰富的风土人情，离开某一道菜的原产地，是不可能吃出同样的味道的。书里提到的江南古镇的美食精华有：木渎古镇的鲃肺汤、千灯古镇的千灯羊肉、惠山古镇的糖芋头、西塘古镇的粉蒸肉、龙门古镇的神仙鸡、南浔古镇的双交面等。

对美食的理解，各人有各人的不同，正如每个人心里都有一个哈姆雷特。谢元提及苏南的周庄、同里，浙江的南浔、乌镇、西塘传统风味美食，归纳了：闵饼、南浔香大头菜、姑嫂饼、状元糕等几种美食经典。

同里特产闵饼风味别致，闵饼又名芋头饼，是将闵草用石灰打成汁，然后和糯米粉，揉搓成皮，配以豆沙、桃仁、松仁、糖、猪油丁为馅芯，制成饼坯上笼蒸成。闵饼呈青绿色、细洁光亮、甜香可口、营养丰富。西塘特产状元糕名闻各地。

状元糕以上等白米粉和白糖为原料制作而成，具有松、脆、香、甜的特色。周庄"万三蹄"同样闻名遐迩。其烧制工艺独具特色，是确保万三蹄在口感、肉质、塑形等方面与众不同的秘方。用料十分考究，以精选的肥瘦适中的猪后腿为原料，加入调好的配料，加水放入大号砂锅，经过一天一夜的煨煮或蒸焖。火候要历经数武数文，以文火为主，煮熟的整只万三蹄皮色酱红、外形饱满、香气四溢、肉质酥烂、肥而不腻，是周庄人过年过节、婚丧宴请中的主菜，也是招待宾客的上乘菜肴。无论是朱元璋与沈万三的故事，还是万三蹄的烧制工艺，都为万三蹄增添了不少浓郁的文化色彩。

江南古镇，由于历史悠久、物产丰富，创造出的美食及美食背后的传说，渐渐形成了饮食文化，也是一笔丰富的历史文化遗产。虽然江南古镇美食难以尽述，但很少见到专门的美食主题旅游。相反，近年来人们对江南古镇的饮食责难有增无减。如有人批评说，游走周庄，人移景换，但挥之不去的是"万三蹄膀"的叫卖声和避之不及的炸臭豆腐味，或是张眼满街的假古董、伪制工艺品。

究其原因，在于江南古镇在美食与旅游融合方面，尚无明晰的规划思路。古镇传统美食的加工、售卖环节，都分散于千家万户的小作坊、小商店或个体小摊、夫妻店，卫生、质量、传统制作技艺，都很难有保障。打造代表当地特色餐饮的品牌小吃与菜系，建构各种风情的美食街，举办各种美食节与博览会，是餐饮文化与旅游业的融合过程很重要的环节，如何做好这些工作，是江南古镇在打造旅游美食文化时必须考虑的问题。

参考文献

[1] 夏志良. 文化创意背景下的隐宿产业开发研究 [M]. 北京：中国轻工业出版社，2019.

[2] 骆高远. 寻访我国"国保"级工业文化遗产 [M]. 杭州：浙江工商大学出版社，2013.

[3] 阎飞. 景德镇传统陶瓷烧造技艺数字化研究 [M]. 南昌：江西美术出版社，2018.

[4] 戴燕燕. 文化创意视域下的产品设计方法论 [M]. 南昌：江西美术出版社，2019.

[5] 潘海颖. 寻趣·自得·创游 [M]. 南京：南京大学出版社，2020.

[6] 曹玉华，毛广雄. 大运河文化带节点城市文化创意产业空间演化研究 [M]. 南京：南京东南大学出版社，2021.

[7] 王兴全. 上海文化创意产业园区政策发展史 [M]. 上海：上海社会科学院出版社，2020.

[8] 沈芬. 文化兴盛的杭州实践[M]. 杭州：浙江工商大学出版社，2020.

[9] 潘立勇. 休闲与文化创意 [M]. 南京：南京大学出版社，2019.

[10] 姚子刚. 城市复兴的文化创意策略 [M]. 南京：东南大学出版社，2016.

[11] 黄三乐，金智锦. 非物质文化遗产与旅游融合发展：以湖南花鼓戏为例 [J]. 中国民族博览，2023（8）：57-59.

[12] 刘文祥，薛莹. 航空文旅产业融合发展路径的实践探索研究：以寿昌航空小镇为例 [J]. 海峡科技与产业，2023，36（4）：48-52.

［13］ 朵建伟. 乡村振兴视野下文化创意旅游产业发展分析［J］. 新农业，2023（6）：82-83.

［14］ 裴歆悦. 关于文化旅游产业融合发展的措施分析［J］. 明日风尚，2023（3）：177-180.

［15］ 文艺. 乡村旅游与文化创意产业的融合发展研究［J］. 旅游纵览，2023（1）：183-185.

［16］ 李玮. 乡村旅游与文化创意产业融合发展研究：以湖南省邵阳市隆回县为例［J］. 青春岁月，2023（1）：12-14.

［17］ 纪恺，王奥. 文化传承创新中的文旅融合发展思考：以徽州文化为例［J］. 陇东学院学报，2022，33（6）：116-120.

［18］ 陈木子，邢晗. 城市文化旅游融合发展及路径研究：以七台河市为例［J］. 美与时代（城市版），2022（10）：90-92.

［19］ 张祝平. 加快推进文化旅游融合发展路径探究：以河南省为例［J］. 黄河科技学院学报，2022，24（10）：19-24.

［20］ 邓越. 海南自贸区大型体育赛事与旅游融合发展研究［J］. 旅游与摄影，2022（19）：62-64.

［21］ 柳毅洁. 非物质文化遗产传承与旅游活化路径研究［D］. 西宁：青海师范大学，2023.

［22］ 刘家梦. 乡村文化创意与乡村旅游的融合发展研究［D］. 重庆：重庆三峡学院，2023.

［23］ 刘后鑫. 高邮市文旅融合发展的问题与对策研究［D］. 上海：华东师范大学，2022.

［24］ 潘晓晴. 文旅融合下苏州地区文创产品设计研究［D］. 苏州：苏州大学，2022.

［25］ 刘婷. 基诺村寨文化生态与生态旅游融合发展研究［D］. 昆明：云南艺术学院，2022.

［26］ 姚星宇. 基于文旅融合背景下惠山泥人的创新设计研究［D］. 镇

江：江苏大学，2022.

［27］盛帅帅.21世纪以来中国乡村文化产业发展研究［D］.济南：山东师范大学，2022.

［28］杨力.剑阁县乡村旅游与文化创意产业融合发展研究［D］.成都：四川农业大学，2022.

［29］刘松.三都水族自治县文化与旅游产业融合发展研究［D］.贵阳：贵州民族大学，2022.

［30］王超.景德镇陶溪川文化旅游融合发展案例研究［D］.南昌：江西财经大学，2022.